Henrike Falkenberg

Brains
and
Waves

Entdecke die Kraft deines wahren Seins

Impressum

1. Auflage 2025
© 2025 Henrike Falkenberg

Autorin & Artwork: Henrike Falkenberg
brainsandwaves.book@gmail.com | Instagram: @brainsandwaves
https://linktr.ee/brainsandwaves

Lektorat & Korrektorat: Natalie Mahdawi
Cover-Design: Anna Knodel | annaknodel.de
Fotografie: Luisa Kühn | Instagram: @lukufotos

*Bibliografische Information der Deutschen Nationalbibliothek: Die
Deutsche Nationalbibliothek verzeichnet diese Publikation in der Deutschen
Nationalbibliografie; detaillierte bibliografische Daten sind im Internet über
http://dnb.dnb.de abrufbar.*

Verlag: BoD · Books on Demand GmbH, In de Tarpen 42,
22848 Norderstedt, bod@bod.de
Druck: Libri Plureos GmbH, Friedensallee 273, 22763 Hamburg
ISBN: 978-3-7562-2213-1

Für die, die wir sind, einmal waren und sein werden

Inhalt

Du bist auf dem richtigen Weg,
wenn du deinem Herzen folgst.

„Das Wertvollste im Leben ist die Entfaltung
der Persönlichkeit und ihrer schöpferischen Kräfte."

– Albert Einstein

„Sólo quien encuentra vida, puede encontrar tesoros."

– Paulo Coelho (Der Alchemist)

Deine Einladung

Ich schreibe eine Erinnerung für dich und mich. Für die Momente, in denen wir eine Ermutigung brauchen. Es sind die Dinge, die du schon längst weißt. Denn du trägst bereits alles in dir. Alles, was du wissen musst, ist schon da. Manchmal vergessen wir diese Dinge oder wir haben keinen bewussten Zugriff auf sie. Ich möchte dich und uns alle daran erinnern, dass wir vollkommen sind, heil und ganz.

Auch möchte ich dich ermutigen, große Träume und Visionen zu entwickeln. Du kannst alles erreichen, was du dir erträumst. Denn das, was du dir vorstellen kannst, wirst du dir in deiner Realität erschaffen. Wenn es jedoch so einfach wäre, sich voll und selbstbestimmt zu entfalten, dann würde es bereits jeder tun. Deshalb möchte ich versuchen, einige Schritte auf dieser Reise zu beschreiben, die dir bei der Entfaltung helfen können und bei der Entscheidung, deinen authentischen Weg zu gehen. Dabei werde ich Herausforderungen und Blockaden in Worte fassen, die dir begegnen können und Möglichkeiten aufzeigen, wie du sie bewältigen kannst.

Der Schlüssel zu einem erfüllten Leben ist, mit sich selbst in den Einklang zu kommen, sich selbst nahe zu sein und die eigene Wahrheit zu leben. Dazu müssen wir Dinge wieder verlernen und Filter ablegen, die wir uns über die Jahre angeeignet haben. Wir müssen erkennen lernen, was uns dient und welche Gedanken und Verhaltensweisen nicht hilfreich sind. Heilung und

Persönlichkeitsentwicklung ist vielmehr eine Rückkehr zu sich selbst, als ein Streben nach mehr. Umso näher wir unserem authentischen Sein kommen, desto größer wird unsere Freiheit. Wir können Begrenzungen auflösen und aus dem inneren Reichtum unsere äußere Welt erschaffen. Auch darum wird es in diesem Buch gehen.

Dein Weg ist genauso einzigartig wie du selbst.

Deshalb kann das, was ich beschreibe, nur ein Impuls und ein Angebot an dich sein. Nimm dir diejenigen Werkzeuge mit, die dich unterstützen können. Ich wünsche mir, dass du über dich hinauswächst und dass du dich nicht aufhalten lässt. Du bist einmalig und trägst ein unendliches Potenzial in dir. Die Welt braucht deine Superkräfte und deine Einzigartigkeit. Hab keine Angst davor, dich so zu zeigen, wie du wirklich bist. Deine Authentizität führt dich zur besten Version deiner selbst. Sei pur und schön und unbeschwert, denn nur so wirst du in deine volle Kraft kommen und dich entfalten können. Ich möchte dich empowern, das zu leben, was du wirklich bist und sein willst.

Das Leben ist eine Reise. Dieses Buch soll dich ein Stück weit auf deinem Weg und auf deiner Suche begleiten. Es soll dir Mut machen, während du dir Fragen stellst, Zweifel aufkommen und du nach Antworten suchst. Keinesfalls ist es meine Intention, dir zu erklären, wie du deinen Weg zu gehen hast oder was genau du zu tun hast. Nein, es ist das genaue Gegenteil. Ich wünsche mir bedingungslose Freiheit für dich. Du bist der Regisseur deines Lebens. Du entscheidest, welchen Pfad du einschlägst, welche Worte du dir als Erinnerung oder als Ermutigung mitnehmen möchtest.

Meine Intention ist es, dir einen Anstoß zu geben, wenn du vielleicht gerade feststeckst und eine graue Regenwolke über dir schwebt. Ich gebe dir also einen kleinen Schubser und du kommst langsam ins Gleiten – auf dieser Welle deines Lebens.

Du befindest dich bereits mitten auf dem Weg in deine Fülle und Entfaltung.

Du kannst dieses Buch von vorne nach hinten lesen. Von hinten nach vorne. In einem Zug. Stück für Stück oder kreuz und quer, so wie es ehrlich gesagt auch entstanden ist.

Und jetzt wünsche ich dir eine wundervolle Reise!

Sonne und Schatten auf meinem Weg

Ich bin eine Reisende und eine Schülerin des Lebens, genauso wie du. Irgendwann habe ich mich auf die Suche gemacht – nach Antworten, deren Fragen ich noch nicht kannte. Ich war (und bin) neugierig und wusste, dass es noch mehr geben musste als das, was ich bereits kannte (und kenne). Ich bin losgegangen für Etwas, das ich nicht in Worte fassen konnte. Ich hatte kein Ziel, sondern ließ mich von meiner Intuition leiten. Oft habe ich diejenigen beneidet, die genau wussten, was sie wollten. Doch heute verstehe ich mich selbst besser und bin froh, meinen Weg bis hier hin authentisch und aus vollem Herzen gegangen zu sein. Das Leben hat mich auf seinen Wellen durch Höhen und Tiefen getragen. Ich habe mich dem Fluss hingegeben und das getan, was sich richtig anfühlte. Vieles mag für Außenstehende vielleicht unverständlich gewesen sein. Doch so verrückt ihnen manche Entscheidungen auch erschienen, für mich machten sie Sinn. Auch bin ich schon immer für das losgegangen, was ich wirklich wollte.

Rückblickend verstehe ich, wo mich dies hingetragen hat und warum ich heute das Leben führen kann, das ich mir über viele Jahre (teilweise unbewusst) erschaffen und von dem ich anfangs nur geträumt habe. Auch verstehe ich, wie mir einige Erfahrungen in den dunkelsten Zeiten das Leben gerettet haben. Ich bin aufgebrochen, um die Welt besser zu verstehen und damit mich selbst. Sehr oft habe ich mich aus meiner Komfortzone begeben, intuitiv und habe den analytischen Verstand hinter mir gelassen. Ich bin meinem Herzen bedingungslos gefolgt, auch wenn es Widerstände gab. Aber nichts konnte mich aufhalten, denn die Gewissheit, dass genau das mein Weg ist, war stärker. Meine Intuition hat mich zu unglaublichen Menschen, Destinationen und Erlebnissen geführt, die ich nicht missen möchte.

Aus vollem Herzen loszugehen, macht mich lebendig. Ich liebe das Leben in all seinen Farben und Facetten.

Doch das war nicht immer so. Ich musste gewisse Erfahrungen machen, um genau das zu lernen. Das Leben so anzunehmen, wie es ist und immer das Beste aus einer Situation zu machen. Ich habe einen komplexen Trauma-Hintergrund, eine Vergangenheit mit vielen Tiefschlägen und Verlusten.

Ich habe lange darüber nachgedacht, was ich davon mit dir teilen möchte. Denn ich weiß, wie verloren und einsam man sich fühlen kann, wenn man gerade in einer Krise steckt. Ich habe darüber nachgedacht, einiges zu teilen von dem, was ich erlebt habe, um dir zu zeigen, dass du damit nicht allein bist, was vielleicht in deinem Leben gerade präsent ist oder einmal war. Ich weiß aus eigener Erfahrung, dass man sich dadurch verstanden und kurzfristig besser fühlen kann.

Ich möchte mich jedoch nicht über den Schmerz mit dir verbinden, sondern vielmehr über die Stärke und über die volle Lebenslust. Ich möchte den Fokus gezielt ausrichten und das Schöne nähren. Ich weiß aber auch, dass man zuerst einmal das Erlebte verarbeiten und überwinden muss, um wirklich ungebremst und frei nach vorne gehen zu können. Auch darum wird es also in diesem Buch gehen.

Ich zeige mich verletzlich und lasse dich einiges wissen, damit du verstehen kannst, was meinen Weg geformt hat. Jedoch soll es nicht um meine Reise gehen. Viel wichtiger ist, warum ich dieses Buch schreibe und was du dir daraus mitnehmen kannst.

Die stärksten Einschnitte aus meinem Leben teile ich mit dir, doch nicht alle. Während ich diese Ereignisse meines Lebens aufschreibe, zittern meine Hände ein wenig. Ich lasse dich diese Dinge wissen, um dich zu empowern, auch aus deinen dunkelsten Momenten wichtige Erkenntnisse zu ziehen, die dich stärker und glücklicher als je zuvor machen können. Also nehme ich all meinen Mut zusammen und öffne mich dir.

Ich habe sehr früh meinen Vater verloren. Er ist zusammen mit einem Freund beim Segeln verunglückt. Mein Vater war erst 31 Jahre alt und ich war drei. Er war ein ganzes Jahr lang verschollen, bevor er gefunden wurde und wir die traurige Gewissheit hatten. Der Kontakt zu seinen Eltern brach kurz danach ab.

Mir haben immer die Wurzeln gefehlt und damit ein Teil von mir. Ich bin in einer Patchworkfamilie aufgewachsen, in der es viel Streit gab. Oft fühlte ich mich unverstanden und allein, wie ein Alien oder das schwarze Schaf. Irgendwie habe ich mich durchgebissen und gekämpft, aber da war immer dieses subtile Gefühl mit angezogener Handbremse durchs Leben zu gehen. Ich habe es lange Zeit nicht verstanden. Ich war oft müde und von alltäglichen Dingen schnell erschöpft. Sätze wie „Nimm das Leben doch nicht so schwer!", „Immer bist du müde!" oder „Sei doch nicht so sensibel!" haben dabei nicht gerade geholfen.

Zeichen meines Körpers waren mehrere depressive Episoden mit starken Schlafstörungen über Jahre hinweg. Sorgen und Ängste hielten mich wach. Ich hatte Phasen mit immer wiederkehrenden Mittelohrentzündungen. Ein Hinweis meines Körpers und ein Schutz, weil ich vieles nicht mehr hören konnte. Hinzu kamen chronische Blasenentzündungen. Offensichtlich ist mir zu der Zeit etwas stark an die Nieren gegangen. Leider musste ich aber auch die Erfahrung machen, nicht ernst genommen zu werden – besonders in Bezug auf die Depression und damit mehr oder weniger allein dazustehen.

Als ich Mitte 20 war, starb meine Mutter innerhalb von vier Monaten an Lungenkrebs. Bevor ich meine Mutter verlor, starben meine beiden Großväter innerhalb eines Monats und dann ertrank eine Bekannte beim Kitesurfen.

Ein Jahr lang konnte ich noch mehr oder weniger weitermachen. Aber dann kam der Moment, in dem es mir den Stecker zog.

Diagnose: Posttraumatische Belastungsstörung.

Das ist jetzt genau sieben Jahre her. Es war eine sehr dunkle Zeit in meinem Leben. Ich war völlig erschöpft, ausgebrannt und traumatisiert. Für ein halbes Jahr lang konnte ich nicht selbst in den Supermarkt gehen, mich nicht in ein Café begeben oder mich einfach so mit Freunden treffen. Ich reagierte sehr empfindlich auf Reize, vor allem auf Lärm, aber auch auf Licht und zu viel Bewegung um mich herum. Das kleinste Geräusch ließ meinen Puls rasant in die Höhe schnellen. Diese Zeit war geprägt von Panikattacken, Albträumen und Flashbacks. Selbst die kleinste Aktivität oder Interaktion mit anderen Menschen erschöpfte mich nach kurzer Zeit so sehr, dass ich mich für den Rest des Tages ins Bett legen musste. Auch Fernsehen, Handy, Social Media war alles zu viel. Ich war von allem und jedem überfordert und hatte gleichzeitig Angst, dass das nie wieder weggehen würde. Ich hatte Angst, nie wieder die Alte zu werden.

Und die bin ich auch nie wieder geworden. Aber das sehe ich nun als etwas Positives. Diese Zeit hat mich geprägt und mich verändert. Der Weg wieder aufzustehen und mich daraus zu kämpfen, war lang, anstrengend, frustrierend, beängstigend und oft einsam. Doch er hat Vieles in mir grundlegend verändert und meine Welt größer gemacht.

Ich teile dies mit dir, damit du erkennst, dass ich in meiner schwersten Zeit das Wichtigste gelernt habe. Mir haben sich immer diejenigen „Baustellen" geöffnet, für die ich zu diesem Zeitpunkt bereit war. Ich habe Zugang zu bestimmten Themen bekommen, immer dann, wenn ich genügend Ressourcen hatte, um sie zu bewältigen. Auch habe ich die Samenkörner gepflanzt für meinen weiteren Weg. Den Weg, den ich aus vollem Herzen gehe. Durch diese Erfahrung habe ich alle Werkzeuge gelernt, um mich von Altem zu befreien, von Dingen, Gedanken und Gewohnheiten, die mir nicht mehr dienen. Ich bin zu meinem eigenen Empowerment geworden. Zuerst habe ich mir Strategien überlegt, um morgens überhaupt aufstehen zu können. Jetzt motiviere ich mich damit, achtsam mit mir und meinen Ressourcen umzugehen, in Balance zu bleiben. Ich benutze meine Werkzeuge, um immer mehr Filter und Konditionierungen abzulegen und zu meinem puren Sein zurückzukehren.

Nun, ein paar Jahre später – in diesem Moment, in dem ich diese Zeilen tippe – bin ich mit den vergangenen Erfahrungen im Frieden. Es ist nicht mehr wichtig. Es hat mich geprägt und mich viel gelehrt, mich an meine Grenzen gebracht.

Was zählt, ist das, was wir aus der Vergangenheit in die Gegenwart mitnehmen.

Ich spüre mehr denn je, dass ich den Schmerz, die Trauer, die Frustration integriert und losgelassen habe. Ich identifiziere mich nicht mehr damit. Ich bin das nicht. Es sind Erfahrungen, die ich gemacht habe. Nicht mehr und nicht weniger. Mein Fokus hat sich verschoben. Nun ist da dieses wundervolle, friedliche Gefühl.

Es ist einfach alles gut.

Ich teile diese Dinge nicht, um Aufmerksamkeit zu bekommen. Ich teile sie, um dir nun Folgendes zu sagen:

Was auch immer dir passiert (ist), wo auch immer du gerade stehst, wie dunkel, frustrierend und ausweglos alles auch erscheinen mag – du schaffst es dadurch! Daran gibt es keinen Zweifel.

Du wirst wie ein Phönix aus der Asche auferstehen, stärker als je zuvor.

Du wirst nicht nur stärker, sondern du wirst durch die Tiefe, die du durchlebt hast, zu größeren Höhen aufsteigen können.

Du weißt, was Trauer, Schmerz, Verlust und Leid sind. Deshalb weißt du nun auch besser als je zuvor, was Freude, Gesundheit, Glück, Liebe und Frieden sind.

Wenn du „Ja" zum Leben sagst, gibt es immer einen Weg.

Alle sieben Jahre erneuert sich jede Zelle des Körpers.

Nun sitze ich hier auf Fuerteventura – auf der Sonnenseite des Lebens und schreibe diese Zeilen. Ich habe schon lange mit dem Gedanken gespielt, ein Buch zu schreiben. Aber irgendetwas hat mich immer davon abgehalten. Ich hatte das Gefühl, dass mir noch

Puzzleteile und die richtige Intention fehlten. Ob es Zufall war oder nicht – das musst du selbst entscheiden – fast auf den Tag genau vor sieben Jahren begann ich mit dem Schreiben.

Zunächst war es für mich eine Beschäftigung, der ich in meinem ausgebrannten Zustand noch nachgehen konnte. Gleichzeitig war es für mich ein wichtiges Werkzeug, um das Erlebte zu verarbeiten. Ich habe damit mein Leben aufgeräumt und vor allem begonnen, das Geschriebene zu hinterfragen. Sind die Worte wirklich wahr? Ist es wirklich das, wovon ich überzeugt bin? Wie fühlt sich das für mich an, wenn ich es so oder so formuliere? Was steht dahinter? Ohne, dass ich es zunächst bewusst getan habe, ist es mir dadurch gelungen, mir all den Ballast von der Seele zu schreiben. Ich habe realisiert, dass die Worte Gewicht haben. Dass sie Gedanken ausdrücken, Einstellungen formen und Handlungen initiieren. Ich begann, die Perspektive zu wechseln und habe so lange geschrieben, bis ich ein gutes Gefühl hatte. Ich habe mich in den inneren Frieden geschrieben und konnte das Geschehene Stück für Stück weiter annehmen.

Ich habe verstanden, dass es nicht nur die eine Realität gibt, sondern viele, die nebeneinander existieren und sich diese verändern, je nachdem durch welche Brille man schaut. Das Schreiben hat mich Elementares gelehrt – nämlich, dass wir unsere eigene Realität erschaffen. Es gibt keine objektive Realität. Jeder hat seine eigene, die von dem bestimmt wird, was wir denken, fühlen und tun.

Wir sind nicht Opfer der Umstände, sondern wir können entscheiden, wie wir mit ihnen umgehen wollen.

Der Schreibprozess hat mich auch dazu gebracht, unverarbeitete Emotionen zu fühlen. Somit konnte ich sie endlich wahrnehmen, Spannungen lösten sich und dann kam immer wieder der Moment, in dem ich sie ziehen lassen konnte. Dieser Augenblick der Erleichterung und des Loslassens fühlte sich jedes Mal an, als hätte ich einen weiteren Ziegelstein aus meinem Rucksack abgelegt. Sobald ich eine Emotion, die an eine schmerzhafte Erinnerung gekoppelt war, gehen lassen konnte, war es wieder möglich den Fokus neu auszurichten. Genau das habe ich auch durch das Schreiben trainiert, meine Aufmerksamkeit neu zu lenken, immer und immer wieder.

Nicht nur das Schreiben hat mir geholfen aus dieser dunklen Zeit herauszukommen. Ich hatte auch die Unterstützung von Fachleuten, meiner Familie und Freunden, für die ich unendlich dankbar bin. Und ohne die Weltmeere und meinen wunderbaren Hund Pitu wäre ich sicher nicht da, wo ich heute bin.

Rückblickend war es vor allem auch der reiche Schatz an bunten Erfahrungen, der zu meiner Heilung beigetragen hat. Denn er hat mich daran erinnert, dass das Leben wundervoll und lebenswert ist. Er hat meine Welt vergrößert und Erinnerungen an die kleinen und großen Wunder geschaffen. Meine Erlebnisse haben mir Mut gemacht und mich darin bestärkt, Wege und Mittel zu finden, um wieder Leichtigkeit und Frieden zu erleben. Es sind die schönen und kleinen Dinge im Leben, die einen großen Unterschied machen.

Wir alle haben bereits Millionen dieser Mini- und auch Makrowunder in unserem Erfahrungsschatz gespeichert. Wir können jederzeit auf diesen zurückgreifen. Mit dem Erkennen der manchmal banal erscheinenden alltäglichen Geschehnisse können wir ganz aktiv unsere Wirklichkeit kreieren und damit unser eigenes Paradies erschaffen. Genau das, wünsche ich auch dir.

Ich wünsche dir, dass deine Träume deine Wirklichkeit werden.

Kleine Anekdoten: Miniwunder und Mikrorebellion

Wir alle sind Sammler von Erfahrungen, die wir in unseren inneren Schatz einspeisen. Sie machen uns größer und weiter. Jede Erfahrung kann ein Lebensgefühl, eine Interpretation der Vergangenheit auf den Kopf stellen und grundlegend verändern – vorausgesetzt, wir öffnen uns dafür und lassen uns nicht von etwas oder jemandem zurückhalten. Sie dienen uns auch als Stütze, als Orientierungspunkt, wenn wir ins Straucheln geraten. Wir können uns an Momente erinnern, die uns Kraft gegeben haben und an Situationen, die wir aus eigener Kraft gemeistert haben.

Wir alle haben 1000 Geschichten zu erzählen und könnten unzählige Bücher füllen. Denn das Leben schreibt diese Geschichten, jeden Tag, jede Stunde und jede Minute.

Ich habe eine intuitive Auswahl von Ereignissen aus meinem Leben getroffen, um die Erinnerungen an deine persönlichen kleinen und großen Mutmacher zu aktivieren. Ich teile diese Momente, die mich persönlich verstehen lassen, warum und wie ich es geschafft habe, aus meinen inneren und äußeren Gefängnissen auszubrechen. Oder vielleicht auch, warum ich mich nie in das Hamsterrad begeben habe. Diese Momente haben mich froh und mutig werden lassen. Sie haben mir Zuversicht gegeben und eine große, weite Welt, die immer weiter wachsen will. Sie haben mich durch die dunkelsten Zeiten meines Lebens getragen und mir gezeigt, dass das Leben lebenswert ist.

Es sind die kleinen Dinge, die einen großen Unterschied machen. Miniwunder und Mikrorebellion. Kinderschuhe und große Träume. Der Teufel steckt im Detail, die schöne Empfindung auch. Der Ursprung einer Wellenbewegung liegt auf atomarer Ebene. Vielleicht mag es banal erscheinen, doch genau deswegen erwähne ich sie, die Mini-Anekdoten. Denn sie formen nun die Welle meines Lebens. Genauso, wie deine kleinen Wunder die Wellen deines Lebens einzigartig machen.

*

Ich beginne mit einem Ereignis, das weit zurückliegt, wahrscheinlich mehr als 30 Jahre.

Ich bin bei meinen Großeltern und spiele im Garten. Die Sonne bricht durch die hohen Bäume und wirft helle Streifen auf den Rasen. Es riecht nach Sommer. Ich spiele Pferd. Ich liebe diese Tiere. Sie ziehen mich magisch an. Ich tauche ein in meine eigene Welt, reite durch die Wildnis und erlebe Abenteuer. Meine Oma kommt um die Ecke: „Henrike, kannst du mir mal kurz helfen?". Ich stürze ab auf den harten Boden der Tatsachen. Die Pferde verschwinden aus meinem Blickfeld und mit ihnen auch die weite Prärie. „Nein", sage ich. „Da habe ich jetzt keinen Bock zu" und begebe mich zurück in mein Traumland. Ohne Scham und ohne Schuld.

Unsere Träume beginnen in unserem Kopf. Unser Gehirn unterscheidet nicht zwischen Vorstellung und Realität. Traum und

Wirklichkeit fühlen sich gleich an. Dieselben Emotionen werden mit dem passenden Hormoncocktail aktiviert.

Lasst uns kindliche Träumer sein und unsere Visionen verteidigen!

Ob es Oma ist oder der nervige Chef, ganz egal. Stay focussed in deiner eigenen Herzensangelegenheit!

Ziehe los in die Wüste, in das Land der unbegrenzten Möglichkeiten!

*

Es soll der schönste Tag ihres Lebens werden. Meine Mutter und mein Vater werden heiraten. Schon seit Wochen erzählt mein dreijähriges Ich jedem, den wir treffen, dass wir bald heiraten werden. Die Anspannung und Freude steigen. Die Vorbereitungen sind in vollem Gange. Wir sind kurz vor dem Aufbruch.

Doch dann fällt der Blick meiner Mutter auf die lila Socken meines Vaters. Er ist überzeugt davon, dass sie hervorragend zu seinem Anzug passen. Meine Mutter ist da anderer Meinung. Im selben Moment fällt mir auf, dass die Perlmuttknöpfe meiner Bluse unter dem roten Latzrock aus Kord nicht zu sehen sind. Die Welt geht unter und SO kann ich definitiv nicht heiraten gehen. Die Uhr tickt und meine Mutter springt zwischen lila Socken und Kordrock hin und her.

Wie sie es gelöst hat, weiß ich nicht mehr. Aber eines ist sicher: Wir haben an diesem Tag geheiratet, mit lila Socken und schimmernden Perlmuttknöpfen.

Wir alle haben unsere Macken. Es sind die Ecken und Kanten, die schrägen und komischen Eigenarten, die uns besonders machen.

Wie angemessen es ist, diese in bestimmten Situationen durchzusetzen, sei einmal dahingestellt. Doch wir alle sollten dazu stehen, wer wir sind und was uns wichtig ist. Es mag für jemand anderen unbedeutend erscheinen, ihn vielleicht nerven. Aber darum geht es nicht. Wir sollten darüberstehen. Wir sollten öfter so unverblümt, ehrlich und pur sein, wie wir es als Kinder waren. Wir sind nun einmal wir und das macht uns einzigartig.

Wir leben in unserer eigenen Welt und in unserer subjektiven Realität. Es sind die kleinen Dinge, die einen großen Unterschied machen.

Ich persönlich bin für mehr Mut und Authentizität! Pro lila Socken und Perlmuttknöpfe. Und du?

*

Während des Abiturs wird uns sehr dazu geraten, eine akademische Laufbahn einzuschlagen. Es klingt, als sei das der einzige Weg. Ich scrolle die Studiengänge der Unis durch und kann mit keinem einzigen etwas anfangen. Auch habe ich das Gefühl, damit nicht die Erfahrungen zu bekommen, die ich machen will. Wieder die Schulbank drücken und noch mehr Wissen in den Kopf stopfen. Bulimie-Lernen, nur um das nächste Zertifikat zu bekommen und irgendetwas darstellen zu können, jemand zu sein.

Das ergibt für mich keinen Sinn. Kurze Zeit später tut sich ein alternativer Weg auf. Durch eine glückliche Fügung bekomme ich einen der raren Ausbildungsplätze als Goldschmiedin. Es ist eine prägende Zeit in meinem Leben, denn sie macht mich lebendig. Ich darf Vieles entdecken, was kein Buch in einer Universitätsbibliothek hätte hergeben können.

Ich habe zwei Chefinnen, die so unterschiedlich sind wie Tag und Nacht. Beide sind für ihren Traum losgegangen und entfalten sich in ihrem kreativen Schaffen. Diese Vision verbindet sie. Wir machen Ausstellungen auf Märkten und in unserer eigenen Goldschmiede. Unter anderem eine jährliche Opalausstellung mit einem Ehepaar, das eine Mine in Australien besitzt. Aber wir arbeiten auch mit anderen Künstlern zusammen (Keramikern, Bildhauern, Glasdesignern, Malern usw.).

Ich darf eintauchen in die Welt der Edelsteine, der Metalle, der Gestaltungs- und Verarbeitungstechniken. So bunt wie diese Welt ist auch das Spektrum der Mitschüler in der Berufsschulklasse. Vom Hauptschulabschluss bis zum Diplom, von 16 bis Ende 30 sind wir bunt gemischt. Jeder von uns hat schon einen anderen Weg hinter sich. Jeder hat seine einzigartigen Erfahrungen gesammelt. Das unterscheidet uns und macht uns gleichzeitig reicher. Die Kreativität und die Liebe zum Handwerk verbindet uns. Wir sind alle dort, weil wir es wirklich wollen. Keiner von uns hat diesen Weg gewählt, um etwas zu beweisen, um großes Geld zu verdienen oder weil es jemand von uns erwartet hat. Diese Energie und Dynamik sind einzigartig.

Ein neugieriger Vertretungslehrer für Wirtschaft stellt uns einige Fragen. Vor allem beim Thema Bezahlung werden seine Augen groß. „Ich bin in einem Raum voller Idealisten gelandet!", bricht es ungläubig aus ihm heraus. Wir lachen. Idealisten oder Menschen, die für ihre Herzensangelegenheit losgehen.

Das Leben ist so viel mehr als das, was wir bereits kennen. Wenn wir Zugang zu unserem Herzen und unserer Intuition haben, können wir uns dem öffnen, was uns wahrhaftig erfüllt. Wenn wir mutig sind, uns gegen die Erwartungen anderer zu entscheiden, erschaffen wir uns den Raum auf Abenteuerreise zu gehen. Wir laden mehr in unser Leben ein als das, was die Normen vorschreiben.

Du bist nicht auf dieser Welt, um Erwartungen gerecht zu werden. Du bist hier, um deinem Herzen zu folgen und reicher zu werden, an Erfahrungen, Freiheit, Fülle und was auch immer du dir erträumst.

Wir „sollten" xyz tun. Wer sagt denn das? Wer stellt diese unausgesprochenen Normen auf? Wer ist denn dieser Herr „Man-macht-das-halt-so"? Hast du ihn jemals getroffen?

Nein?

Ich auch nicht.

Es ist eine Vorstellung, die in vielen Köpfen existiert. Doch sie ist nicht real.

Wenn wir für das losgehen, was wir fühlen, für das, was aus unserem tiefsten Inneren kommt, dann treffen wir auf Gleichgesinnte. Wir empfangen das, was wir sind. Das, was wir verkörpern und in unserem Leben zulassen. Das, was uns wirklich erfüllt, mehrt sich.

*

Ich schließe meine Ausbildung als Landessiegerin ab, gewinne einen Nachwuchswettbewerb und bekomme das Angebot, die

Goldschmiede später mit einer weiteren Gesellin zu übernehmen. Von außen betrachtet, könnte genau das meine Berufung sein. Die Fakten sprechen für diesen Weg. Die Weichen sind gestellt und es wäre ein Leichtes ihnen zu folgen. Doch mein Herz und meine Intuition sind anderer Meinung. Ich spüre, das ist es nicht – trotz der wunderbaren Zeit, die hinter mir liegt.

Ich will mehr wissen. Ich will anderes erfahren, auch wenn ich nicht genau weiß, wonach ich suche. Also höre ich auf meine innere Stimme. Ich bekomme Gegenwind und gehe trotzdem in die windigste Stadt Europas, nach Tarifa (Spanien). Meine Idee ist es, dort ein halbes Jahr auf einem Reiterhof zu arbeiten, in meiner Freizeit Kitesurfen zu gehen und nach einem halben Jahr wieder nach Deutschland zurückzukehren. Dort möchte ich dann ein Studium beginnen. Soweit der Plan.

Zwei Wochen halte ich den Pferdejob durch. Dann schmeiße ich ihn hin, weil er nicht meinen Werten entspricht. Ohne Back-up Plan, ohne Geld auf dem Konto und ohne Spanischkenntnisse in der Nebensaison in einem Ort, der vom Tourismus lebt. Im Nachhinein erscheint Vieles so einfach. Doch in dem Moment bin ich frustriert, enttäuscht und habe Angst, dass meine Reise viel schneller zu Ende geht als gedacht.

Doch dann öffne ich mich der Erfahrung und handle aus der Freude heraus. Das tue ich nicht bewusst, sondern intuitiv. Ich habe nichts zu verlieren und mache das Beste aus meiner Situation. Zunächst melde ich mich in einer Spanischschule an, um mir ein paar Grundkenntnisse anzueignen. Dort lerne ich viele neue, spannende Menschen kennen. Reisende, Urlauber und in Tarifa-Ankommende. Nach zwei Wochen fragt mich der Leiter der Spanischschule, wie es mir gefällt und ob ich weitermachen möchte. *Ich würde gerne mehr lernen, denn so viel mehr als „Hola, qué tal?" und ein bisschen Smalltalk kann ich auch nach zwei Wochen noch nicht.*

Doch ich muss ablehnen, denn das Geld geht mir ohnehin schon aus. Daraufhin bietet er mir an, für ihn im Austausch für den Spanisch-Kurs zu arbeiten. Ich nehme das Angebot dankbar an und bin für die nächsten Wochen „Mädchen für alles". Ich hole seinen Sohn von der Schule ab, mit dem ich mich kaum verständigen kann. Etwas unangenehm für beide Seiten, diese schweigsamen Spaziergänge... Ich mache die Check-Ins für die Appartements, die zur Schule gehören, sitze an der Rezeption und verteile Flyer. In kurzer Zeit lerne ich immer mehr Leute kennen und knüpfe schnell Kontakte.

Ein paar Wochen später fange ich an, in einer kleinen Bar an der Puerta de Jerez, dem Tor zur Altstadt, zu arbeiten. Damit kann ich zumindest schon einmal meine Miete bezahlen. Mein Spanisch ist wirklich noch sehr rudimentär, sodass einige Tarifeños mit Händen und Füßen bei mir bestellen müssen. Manchmal habe ich keinen blassen Schimmer, was sie von mir wollen. Jemand bestellt „Chota Beh kon siete ubb". Ich schaue ihn fragend an. Er lotst mich daraufhin durch das gesamte Schnapsregal. Des Rätsels Lösung ist ein JB (Whiskey) mit 7UP.

Zeitgleich beginne ich, Kite-Unterricht zu geben. Ich bin selbst noch blutige Anfängerin. Aber mein Ehrgeiz, meine Motivation und meine Entschlossenheit sind größer als die Angst, nicht gut genug zu sein. All diese Erfahrungen stellen mir die Weichen und öffnen mir die Tore zu einer größeren Welt. Es folgen Abenteuerreisen unter anderem nach Sansibar (Tansania), Australien, Marokko, Holland und Gran Canaria.

Wir wachsen außerhalb unserer Komfortzone. Manchmal kann es sich verwirrend anfühlen. Denn das, was wir nicht kennen, kann uns Angst bereiten.

Lass dich nicht täuschen davon, dass es sich vielleicht zunächst unbequem anfühlt. Mit jeder neuen Erfahrung wirst du mutiger für die nächste. Denn du wirst feststellen, dass jede Einzelne bereichernd ist. Mit jeder Erfahrung bekommst du eine Resonanz. Entweder erkennst du dich selbst darin wieder oder grenzt dich ab.

Egal in welche Richtung der Kompass weist, mit jedem Schritt lernst du dich selbst besser kennen. Wage Neues!

Der Sprung ins kalte Wasser lohnt sich!

*

Es ist meine erste Reise außerhalb Europas. Ich komme nachts in Dar es Salaam auf dem Festland von Tansania an. Vom Flughafen nehme ich ein Taxi zu meinem Hotel. Der Fahrer biegt direkt in eine kleine Nebenstraße ab. Wir fahren an Menschen vorbei, die um eine brennende Mülltonne stehen. Mein Herz klopft mir bis zum Hals. Meine Knie sind weich. Der Taxifahrer sagt lachend: „Welcome to real Africa". Sehr witzig, denke ich mir und versuche, wieder zu atmen.

Am nächsten Tag erreiche ich nach der Fährüberfahrt Stonetown, die Hauptstadt Sansibars. Ich bin bereits zwei Tage unterwegs und habe fünf verschiedene Währungen in meinem Portemonnaie. Ich nehme ein weiteres Taxi. Ich sehe Straßenhändler vorbeiziehen, tropisches Grün und ein buntes Reich des Unbekannten. Wir fahren durch Dörfer mit Lehmhütten.

Familien sitzen zusammen auf dem Boden und teilen sich einen Topf Reis. Dann erreichen wir das Resort. Ein Wachmann, der aussieht wie Morgan Freeman, öffnet die Tore, sein Maschinengewehr lässig über der Schulter.

Später spaziere ich über den Strand in Pwani Mchangani. Der weiße Sand reflektiert stark in der sansibarischen Sonne. Der Indische Ozean strahlt in einem türkisenen Kontrast. Alles wirkt irreal. Alles fühlt sich unecht an. Ich bin überwältigt von den neuen Eindrücken.

Ein kleiner Junge läuft auf mich zu. Er ist vielleicht drei oder vier Jahre alt. Er versperrt mir den Weg, schaut mir tief in die Augen. Der Blick ist kalt. Er streckt seine Hand aus und sagt mit harter Stimme: „Dollar!"

Ich habe einen Kulturschock und kann nicht glauben, dass es so etwas wirklich gibt. Ich gehe weiter.

Ein Massai lächelt mir zu. „Hey Sista, come to my shop. Happy Hour!". Ich lache und lehne dankend ab. Er ist freundlich und begleitet mich ein Stück auf meinem Spaziergang. Pole, pole – langsam, langsam. Es sind die ersten Worte, die ich auf Swahili lerne. Es sind nicht nur Worte, sondern ein Lebensgefühl, wie ich später feststelle. Der Massai erzählt aus seinem Leben. Gespannt höre ich zu. Alles übersteigt meine Vorstellungskraft. Plötzlich wird alles, was man über Afrika gehört hat, wahr.

„You need to drink more Coca-Cola", sagt er und wechselt damit das Thema. Verwirrt schaue ich ihn an. Doch langsam kommt die Botschaft in meinem Kopf an. „And you need to drink more milk", antworte ich.

Der Massai lacht. Seine großen weißen Zähne strahlen mir entgegen.

Exotische Erfahrungen erweitern unseren Horizont. Die Welt wird größer und gleichzeitig kommen wir uns selbst näher. Wir lernen dankbar zu sein. Für Dinge, die wir für selbstverständlich hielten. Wir erkennen, gerade als Europäer, in welchem Wohlstand und in welcher Freiheit wir leben dürfen.

Unsere Ausreden, etwas nicht schaffen zu können, erscheinen lächerlich. Denn uns stehen alle Türen offen. Wir haben Internet, freien Zugang zu Bildung und können uns im Großen und Ganzen auf unser Rechtssystem verlassen. Wir müssen uns keine Sorgen um Korruption, Überfälle, fließendes Wasser oder zu wenig Reis machen. Wir leben in diesem großen Luxus, in dem wir uns selbst verwirklichen können. Wir können es uns schwer vorstellen, wie es ist, ums nackte Überleben zu kämpfen. Wir wurden nicht mit drei Jahren an den Strand geschickt, um Geld zu erbetteln.

Wir sollten unser großes Privileg nutzen, uns nicht auf Ausreden und Unbequemlichkeiten ausruhen. Denn wir können Großes erschaffen und wir können für eine gerechtere Welt losgehen. Trotz großer Barrieren ist es mit Menschlichkeit und Offenheit immer möglich, sich auf Augenhöhe zu begegnen und Brücken zu bauen.

*

Ich sitze morgens um acht in einem Hörsaal zwischen unzähligen Karohemden im tristen deutschen Winter. Ich habe Flip-Flops und Boardshorts gegen Winterstiefel, Schal und Taschenrechner getauscht. Warum, weiß ich auch nicht mehr. Bald gehe ich immer seltener zur Uni. Am liebsten würde ich nach dem ersten Semester „Maschinenbau und Design" alles hinschmeißen. Aber man redet mir ins Gewissen, ich sei nicht mehr die Jüngste. Jetzt noch einmal von vorne anfangen, das sollte ich mir gut überlegen. Ich lasse mich überzeugen und rechtfertige meine Entscheidung damit, dass ich mich erst an alles gewöhnen müsse. Ein paar Wochen später schaffe ich es nicht mehr, aus dem Bett aufzustehen. Nach fünf Minuten spazieren gehen, habe ich keine Kraft mehr und schließe mich wieder in meinem WG-Zimmer ein. Ich habe mich verirrt, meinen eigenen Kompass verloren. Dunkelheit. Antriebslosigkeit. Mir fehlt jede Sinnhaftigkeit.

Irgendwann überlege ich mir, was ich tun könnte. Mir therapeutische oder psychologische Hilfe zu suchen, ist keine Option. Noch sitzt die vergangene Erfahrung, nicht ernst genommen zu werden, tief.

Aber mir kommt eine Idee. Sie mobilisiert sofort einen inneren Antrieb. Ein Kleiner, aber ich schaffe es aus der Haustür. Ich laufe zu Fuß zur Uni. Es ist schon dunkel. Mit Absicht gehe ich spät los. Ich will niemandem begegnen, der mich aufhalten könnte. Mein Vorhaben ist schnell erledigt. Ich werfe meine Exmatrikulation in den Briefkasten neben dem Sekretariat und laufe zurück nach Hause. Dort angekommen, nehme ich alle Ordner und Unterlagen aus dem Regal. Ich schmeiße sie mit einem Schwung in die Mülltonne und werde diesen Akt der Selbstliebe keine einzige Sekunde meines Lebens bereuen.

Ich beschließe, an den Ort zurückzukehren, an dem ich zuletzt glücklich war. Ich verkaufe und verschenke alle meine Dinge, die ich besitze. Meinen Goldschmiedetisch, das Kite-Equipment und ein paar Klamotten verstaue ich in meinem kleinen, schwarzen VW Golf. Pitu findet gerade noch so Platz auf der Rückbank. Ich melde mich aus Deutschland ab.

Und dann fahren wir 3000km nach Süden – zurück in die windigste Stadt Europas.

Niemand kann uns sagen, was uns glücklich macht. Normen und Erwartungen können uns klein machen und zurückhalten. Sie können dazu führen, dass wir uns selbst nicht erkennen, uns verlieren. Wir müssen nicht aushalten. Wir müssen nicht leiden. Wir müssen uns kein Leben überstülpen, das nicht für uns gemacht ist. Wir müssen nicht gegen unser authentisches Sein und gegen unsere eigene Wahrheit arbeiten, nur um dazuzugehören. Wir haben eine Wahl.

Erfahrungen verändern uns. Was vorher wie ein guter Plan klang, kann sich jederzeit ändern. Es bedarf Mut, all die Vorstellungen loszulassen. Denn damit lassen wir ein Stück unserer antrainierten Identität los.

Wir sind nie zu alt, um neu zu beginnen. Jeder einzelne Tag, an dem wir unserem Herzen folgen, bedeutet Lebendigkeit. Es ist unsere eigene Entscheidung und Verantwortung, was wir aus unserer Lebenszeit machen.

*

Einige Jahre später, zurück in Deutschland.
Was mich wieder dorthin geführt hat, ist eine andere Geschichte.
Ich fühle mich unwohl in der WG, in der ich lebe. Doch der Wohnungsmarkt und das finanzielle Budget erlauben mir keine Veränderung. Es ist Corona-Zeit. Wir hocken alle aufeinander, eingeschlossen in der stickigen Bude. Schon lange wünsche ich mir

einen eigenen Bus. Aber mein Geld ist mehr als knapp und die Preise schießen in die Höhe, vor allem während COVID. Ich habe eine schlaflose Nacht. Eigentlich habe ich nur noch schlaflose Nächte.

Ich scrolle durch Ebay-Kleinanzeigen, ziellos. Denn unter 10.000 Euro ist es unrealistisch, einen Bus zu bekommen. Ich gebe unterschiedliche Fahrzeugtypen ein, blättere durch die Anzeigen und male mir mein Leben in Freiheit aus, ohne wirklich zu suchen.

Und dann sehe ich ihn. Ich traue meinen Augen nicht und denke sofort, das kann doch nur totaler Schrott sein.

Aber eine Woche später sitze ich im Zug nach Ostdeutschland. Es ist ein Renault Master, grün-grau, zunächst eine ziemlich gewöhnungsbedürftige Farbkombination. Bei der Probefahrt macht er komische Geräusche, aber ich kaufe ihn trotzdem – für 2000 Euro. Es ist meine einzige Chance auf einen Bus. Ich nenne ihn Mr. Frog und baue ihn den Sommer über aus. Ich finde ein altes Holzbett auf der Straße und fahre durch den ganzen Norden, um Sachen zum Verschenken einzusammeln. Kurz vor dem ersten Trip nach Dänemark fällt mir auf einem ALDI-Parkplatz die Schiebetür entgegen. Schon macht sich meine ADAC-Mitgliedschaft bezahlt und es folgen lustige Anekdoten, über die ich vielleicht mal ein eigenes Buch schreiben werde.

Die komischen Geräusche stellen sich als Getriebe und Kupplung heraus. Ich habe keine Ahnung von Autos, doch selbst mit der Reparatur schien mir der Kaufpreis unschlagbar gut. Noch weiß ich nicht, wie ich die Reparaturkosten aufbringen soll, aber ich bin überzeugt davon, dass es einen Weg gibt. Zwei Tage später erhalte ich auf Instagram eine Nachricht von einer

Videoproduktionsfirma. Zuerst denke ich, es ist Spam, lege das Handy weg.

Doch dann vereinbaren die zwei Hamburger Jungs einen Telefontermin mit mir. Sie sind mir auf Anhieb sympathisch. Sie nennen mir meine Gage und fragen mich, ob das für mich passen würde. Na klar, und ob das für mich passt. Ich hatte nicht einmal mit einer Bezahlung gerechnet und nehme selbstverständlich an. Es wird eine Image-Kampagne für ein Unternehmen im Norden für erneuerbare Energien. Ich gehe drei Stunden Kitesurfen in St.-Peter-Ording, wobei ich gefilmt und fotografiert werde. Es fühlt sich nicht einmal wie Arbeit an. Anschließend kann ich Mr. Frog reparieren lassen.

Während die Wochen verstreichen, frage ich mich immer mehr, was ich denn eigentlich in Deutschland mache. Zu diesem Zeitpunkt studiere ich Angewandte Psychologie im Fernstudium, ohne Präsenztermine dank Corona.

Kurzentschlossen kündige ich mein WG-Zimmer, ziehe in den Bus und mache mich auf die (Studien-) Reise. Als ich losfahre, habe ich weder Kühlschrank, geschweige denn Strom oder fließendes Wasser. Ich verabschiede mich von meiner Familie und meinen Freunden und sage ihnen, dass ich mich auf den Weg in den Süden mache. Am nächsten Tag schaue ich mir die Windvorhersage an und fahre in die entgegengesetzte Richtung, nach Dänemark. Aber es ist schon Ende September und so geht es dann doch schnell weiter nach Frankreich. In der Bretagne verbringe ich mehrere Wochen, bis es auch dort zu kalt wird. Ein Morgen mit Bodenfrost ist mein Calling. Es geht entlang der Atlantikküste weiter. Südfrankreich, Nordspanien, Portugal. Zum Duschen gehe ich in Boulderhallen, zum Lernen in die Bibliotheken der Städte, die ich passiere. Etwas unterhalb von Lissabon entscheide ich mich für eine Abkürzung nach Tarifa. Ich bin jetzt seit zwei Monaten unterwegs und sehe fast jeden Tag einen neuen Ort. Ich brauche ein bisschen Pause und eine Umgebung, die ich kenne. Keine fünf Minuten in der alten Heimat angekommen, treffe ich eine Freundin von damals, die auch in ihrem Wohnmobil lebt. Wir verbringen 1,5 Monate zusammen in Tarifa und sie überredet mich schließlich, mit ihr zusammen auf die Kanaren überzusetzen.

Wenn wir etwas wirklich wollen, gibt es immer einen Weg. Wir müssen vorher keinen genauen Plan haben. Die Lösungen eröffnen sich, während wir bereits losgegangen sind. Wenn wir das Vertrauen bewahren und es unsere feste Überzeugung ist, dass es immer eine Möglichkeit gibt, zeigt sich genau das in der Realität. Wir müssen nicht wissen, wie wir etwas erreichen können. Es können Dinge sein, die zunächst unmöglich erscheinen. Doch wir dürfen uns öffnen. Mit dieser Offenheit überrascht uns das Universum mit den kreativsten Geschenken. Wenn wir vertrauen, müssen wir uns den Kopf nicht zermartern. Sondern wir können unsere Energie darauf verwenden, das zu erschaffen, was wir wirklich wollen.

Mut wird immer belohnt. Wir bekommen nichts einfach so geschenkt. Wir kreieren alles in unserem Leben selbst. Es beginnt mit den Gedanken und Ideen. Aus Überzeugungen entstehen Visionen. Mut ist schließlich die Triebfeder, all das umzusetzen. Das Leben ist bedingungslos für uns.

*

Ich sitze in meinem Bus in Sotavento auf Fuerteventura und spüre diesen Impuls. Schon immer wusste ich, dass ich „irgendwie" sensibel bin. Aber mehr auch nicht. Ich hatte keine Ahnung, welche Bedeutung das haben könnte, was auf subtile Art und Weise schon immer da war. Auf einmal ist er da, der Moment. Intuitiv rufe ich eine Website auf und mache einen Hochsensibilitäts-Test.

High-Score in fast allen Kategorien.

Der Moment der Selbsterkenntnis – so magisch und wunderbar. Es fällt mir wie Schuppen von den Augen. Plötzlich gibt es Erklärungen für so Vieles, was ich fühle, wahrnehme und was mich irgendwie anders macht.

Dieser Moment bedeutet einen riesigen Game-Changer. Es fällt eine große Last ab. Mit einem Mal macht mein inneres und äußeres Erleben Sinn. Von einer Sekunde auf die andere fühle ich mich nicht mehr wie ein Alien, Außenseiter, Sensibelchen und anders als „alle anderen".

Auf einmal gibt es ein Wort dafür, was ich ein Leben lang gespürt habe. Plötzlich zeigen sich Wege, wie ich das Steuer der Achterbahn übernehmen kann, die mich jahrelang herumgeschleudert hat. Ich kann nun aufhören, mich selbst zu verurteilen. Es gibt jetzt Gründe dafür, nicht so zu funktionieren wie andere. Auch höre ich auf, an mir selbst herumzudoktern und zu analysieren. Denn ich verstehe nun, dass es unzählige Stellschrauben gibt, an denen ich drehen kann. Ich begreife endlich, dass nicht ICH das Problem bin. Ich spüre, wie sich durch minimale Veränderungen in meinem Umfeld und durch andere Entscheidungen mein Leben komplett auf den Kopf stellt und zum Positiven wandelt.

Und auf einmal sind dort die ganzen anderen, denen es genauso geht wie mir. Ich darf feststellen, ich bin nicht allein. Wir sind viele und wir sind zusammen. Wir sind keine Aliens. Wir sind wie alle anderen und doch besonders in unserer Sensibilität. Zusammen stellen wir fest, dass die Welt uns braucht, unsere Wahrnehmung und eine andere Sicht auf die Dinge.

Die Selbsterkenntnis ist die Tür zu einem neuen Leben, die ALLES verändert. Hinter dieser Tür liegen Frieden, Leichtigkeit, Freude und Liebe. Superpower, Potenzial und Stärke. Diese Tür öffnet den Weg des Wachstums und der Transformation.

Wir alle können diese Türen finden. Sie muss sich nicht auf die Hochsensibilität beziehen. Womit auch immer wir uns plötzlich identifizieren können, es wird die ganze Welt verändern. Denn während wir erkennen, worin wir besonders sind, erkennen wir gleichzeitig, dass wir dazugehören. Zu den Menschen, die genauso sind wie wir.

Jeder von uns ist ein schillernder, einzigartiger Tropfen und gemeinsam verbinden wir uns zu einem mächtigen Ozean.

*

Ich glaube, oftmals dachten meine Freunde, ich sei ein bisschen bekloppt. Das haben sie zwar nie so gesagt, aber ein bisschen verrückt haben sie mich schon genannt. Auch meine Familie, ehemalige Chefs etc. konnten manche meiner Entscheidungen nicht immer ganz oder auch gar nicht nachvollziehen.

„Du und dein Job-Hip-Hop.", damals ein schmerzhafter Trigger. Heute ein großer Schatz an Erfahrungen und die Selbsterkenntnis reicher, ein Vieltalent (Scanner-Persönlichkeit) zu sein.

„Wann kommst du denn aus deiner Auszeit zurück?", damals: Ich habe die Frage nicht verstanden. Heute: Ich habe die Frage immer noch nicht verstanden. Denn das ist mein Leben!

Sicher habe ich es meinen Mitmenschen manchmal nicht leicht gemacht. Aber ich hatte immer diese starke innere Stimme, die sich einfach nicht aufhalten ließ. Mein Drang, das zu tun, was mich angezogen hat, die Welt zu entdecken und neugierig zu bleiben, war immer stärker als die Stimmen von außen.

Ich konnte immer die Kraft aufbringen, einen Weg durch den Gegenwind zu finden. Viele Entscheidungen habe ich getroffen, ohne selbst genau zu wissen, warum. Oft habe ich meine Komfortzone verlassen und bin ebendieser inneren Stimme gefolgt. Immer hatte ich das Vertrauen, dass ich einen Weg finden würde und dass die Dinge so kommen würden, wie sie kommen sollten.

Mit diesem Buch mache ich mich auf eine neue Reise. Mutig betrete ich den neuen Pfad ins Ungewisse. Ich gehe los für meine Vision und das aus vollem Herzen.

Ich möchte, dass wir die Welt zu einem friedlicheren, schöneren Ort machen. Ich glaube fest daran, dass wir viel bewegen können.

Es macht mich wütend und traurig, wie wir oft mit uns selbst, mit unseren Mitmenschen und auch mit unserem Planeten Mutter Erde umgehen. Wir leben im Mangel und im Tiefschlaf.

Ich wünsche mir, dass wir alle aufwachen und bewusster werden. Ich möchte in einer Welt leben, in der man nicht ständig aufpassen muss, wem man vertraut, in der jeder hinter seinen

Schutzmauern lebt. In einer Welt, in der ein Angriff mit einem Gegenangriff beantwortet wird. In einer Realität, in der schlafende Menschen sich selbst, ihre Mitmenschen, Tiere und die Natur mit Füßen treten.

Jetzt ist die Zeit für Transformation.

Wir können so Vieles verändern, wenn wir nur unsere limitierenden Gedanken verändern.

Wir können Hass zu Liebe transformieren, Unfrieden zu Frieden, Mangel zu Fülle, Enge zu Weite, aus den selbst erbauten Gefängnissen ausbrechen und in Freiheit leben. Wir müssen bei uns selbst beginnen, bei den Anteilen, die uns noch klein halten.

Denn wir erschaffen unsere Welt von innen heraus, in Resonanz mit dem, was wir sind. Wir verkörpern das, was wir denken, und spiegeln es nach außen.

Wenn wir jemanden schlecht behandeln, dann aus unserem eigenen Mangelwesen heraus, aus alten Wunden und eigenen Unzulänglichkeiten. Es hat nichts mit dem Gegenüber zu tun. Es ist das, was wir fühlen. Das gilt auch umgekehrt. Wenn uns jemand mit Unmut begegnet, dann ist es ein Spiegelbild seiner selbst. Es hat nichts, aber auch gar nichts mit unserem eigenen Wert zu tun.

Es ist mein Herzenswunsch, dass wir heilen, dass wir Filter ablegen und in unsere Fülle kommen. Denn unsere Seele möchte sich entfalten. Wir wollen aufblühen, aus vollem Herzen heraus leben. Ich bin absolut davon überzeugt, dass wir eine wundervolle und bessere Welt kreieren können. Wir sind alle gemeinsam daran beteiligt.

Dieses Buch ist eine Einladung, ein Angebot an dich, deinen Werkzeugkasten weiter zu füllen.

Auch ist es eine Erinnerung. Denn wir alle brauchen Ermutigung auf unserem Weg und das Gefühl, nicht allein zu sein. So unterschiedlich unsere Leben und unsere Persönlichkeiten auch sein mögen, wir sind alle eins, wir gehören zusammen. Auch du bist Teil des Ganzen, ein Kind des Universums. Du bist ein Stern am Himmel und gemeinsam formen wir eine Galaxie.

Lass uns aufwachen und heller leuchten denn je.

Denn nur so können uns auch andere finden, die nach Licht und Orientierung suchen.

Das Niemandsland

„You´re under no obligation to be the same person
you were five minutes ago."

– Alan Watts

Ein unbeschriebenes Blatt, ein Neuanfang. In jedem Moment
können wir neu beginnen, die Uhren zurückdrehen und uns neu
erfinden. Doch während wir die Zeiger drehen, stellt sich die Frage:

Wo ist denn eigentlich das Zurück? Wo befindet sich der Anfang der Zeit?

Zeit ist eine Illusion.

Es gibt keine Vergangenheit und keine Zukunft. Genau das ist der Raum, in dem du dich neu erfinden kannst. Im Nichts. Alle Möglichkeiten stehen dir offen. In dieser Zeit zwischen den Zeiten kannst du beginnen, deine Leinwand neu zu bemalen.

Hier kannst du dich neu entscheiden und alles vergessen, was du einmal gelernt hast. Denn hinter deinem Verstand, in der Verbindung mit allem, was ist, findest du den Raum, in dem alles möglich ist. Hier lässt du dein altes Ich zurück. Du lässt deine Identität los und kannst dich neu erfinden. Hier in diesem „Void", der Leere kannst du dich selbst finden.

Du kannst alle Konstrukte, die an deine Vorstellung geknüpft sind, loslassen und dich dem Unbekannten hingeben. Du bist nicht deine Emotionen, deine Erfahrungen oder Erinnerungen. Du bist Energie in einem unbegrenzten Raum, in diesem einzigartigen Moment.

Dieser Augenblick, in dem du diese Zeilen liest, ist der einzige, den du hast. Mache dir das bewusst. Denn das gibt dir eine ungeheure Kraft. Es gibt dir das Bewusstsein darüber, dass du jeden Tag neu entscheiden kannst. Jede Stunde, jede Minute, jede Sekunde kannst du deinen Kompass neu ausrichten und an der Kreuzung anders abbiegen.

Jeder Moment ist einzigartig und eine Einladung an dich, dich neu zu erfinden. Denn in jedem Moment hast du die Möglichkeit eine neue Erfahrung zu machen, die deine alten Vorstellungen überschreibt. 86400-mal kannst du dich täglich neu entscheiden. Denn so viele Sekunden hat ein Tag.

Es ist der Aufbruch in eine neue Reise.

Beginne irgendwo. Vergiss für einen kurzen Augenblick deine Sorgen, deine Ängste. Es reicht schon, wenn du deinen anfänglichen Mut nur für diesen einen kleinen Moment erhältst. Geh los! Geh los solange der Mut da ist und er dich über deine Bedenken hinwegträgt. Denn sie kehren zurück, ganz bestimmt. Doch wie beim Fahrradfahren ist der erste Tritt in die Pedale der schwerste. Am Anfang ist die Fahrt am wackeligsten, bis wir Geschwindigkeit aufgenommen haben.

Nutze diesen Moment, ohne zu zögern, und brich auf. Traue dich, für dich loszugehen, deine Träume, Visionen und deinen neuen Weg.

Es erfordert Mut, denn wir lassen auch immer etwas zurück. Es können Dinge im Außen sein, denen wir noch anhaften und uns deshalb das Loslaufen so schwer erscheint.

Aber vor allem lassen wir eines zurück: unser altes Ich.

Es mag unbedeutend erscheinen, doch einen Teil von uns loszulassen, bedeutet Abschied und manchmal auch Trauer. Nutze also deinen Antrieb, deinen Mut, solange er stärker ist als deine Selbstzweifel, alte Muster oder gar Menschen, die dich bremsen wollen.

Niemand hat gesagt, dass es einfach ist, einen neuen Weg einzuschlagen. Aber es lohnt sich! Denn erinnere dich doch mal: Wie oft hast du bereits einen Schritt in eine neue Richtung hinausgezögert? Wie sehr hast du unter dem Stillstand gelitten, bis du dann doch endlich losgegangen bist?

Wenn unser innerer Kompass uns eine neue Richtung weist, uns neu orientieren möchte, ist es wahr und real. Wir dürfen darauf vertrauen, dass das, was wir fühlen, richtig ist – auch wenn wir noch keine Ahnung haben, warum und wohin es uns führen wird. Wir sind dazu eingeladen, unserer Intuition zu vertrauen. Sie weiß so viel mehr als unser Verstand. Aber dazu später mehr.

Fasse dir ein Herz. Welche Reise es auch sein mag. Sie wird dich reicher machen. Du wirst dir selbst näherkommen. Du wirst dich besser kennenlernen. Die Welt wird größer und weiter mit jeder Reise, die du unternimmst, im Innen und im Außen. Die innere Welt eröffnet sich uns und wächst mit jeder Erfahrung, die wir machen. Denn die Umwelt ist ein Spiegel und eine Tür zu einer weiteren Dimension zugleich.

Wir erschaffen unsere Außenwelt aus unserem Inneren heraus. Wir ziehen das an, was wir glauben. Was wir verkörpern und aussenden. Wir resonieren mit dem, was wir in diesem Moment sind. Und wir mehren und nähren, worauf wir uns fokussieren. Energie fließt in das, worauf wir unseren Fokus legen. Konzentrieren wir uns auf die Hemmung und Angst, werden wir genau diese verstärken. Wir werden genau diese Erfahrungen machen, um uns von dieser selbst kreierten Realität zu überzeugen.

Fokussiere dich also auf deinen neuen Weg, auf das Hier und Jetzt. Zögere nicht, denn die Zweifel kommen ganz bestimmt umso länger du wartest.

Gehe los. Die Zeit ist jetzt!

Lebe deine Träume und nutze deine Stärken. Entfalte dein grenzenloses Potenzial, denn du verdienst es so sehr aus vollem Herzen heraus zu leben. Die Welt braucht dich und deine Superkraft. Falls du sie noch nicht gefunden hast, dann ist es nun wirklich an der Zeit loszugehen und sie zu entdecken.

Jeder hat sie und entfaltet sie auf seine ganz individuelle Art und Weise. Auch du! Sei mutig und brich auf. Mit jedem Schritt kommst du ihr näher, denn du kommst dir näher. Du wirst Ballast abwerfen und alte Filter auflösen, die deine gegenwärtige Realität verzerren. Du wirst diese Schichten Stück für Stück ablegen. Je näher du an deinen Wesenskern kommst, desto mehr wirst du dich entfalten. Vertraue dem Prozess und setze einen Fuß vor den anderen. Ermutige dich selbst und werde zu deinem eigenen Empowerment. Tanke auf, wenn du eine Pause brauchst und gehe dann zielstrebig weiter. Nutze deine Energie für deinen Herzensweg, deine Herzensangelegenheit.

Verändere die Welt dort, wo sie dich nachts nicht schlafen lässt.

Bring dich ein. Es liegt an dir, deinen ganz eigenen energetischen Fußabdruck zu hinterlassen. Kehre immer wieder zur Quelle zurück. Bleibe im Vertrauen und du wirst aus der Dunkelheit ins Licht wachsen. Gib dir die Zeit, stabile Wurzeln zu bilden und der Tag wird kommen, an dem du dich explosionsartig ausdehnst und viele Tage, an denen du dich sanft der Sonne entgegenstreckst. Du wirst die Welt, das Universum mit deiner Energie erhellen, mit Milliarden goldenen Teilchen, die sich im Kosmos verstreuen.

Der Aufbruch

"Every adventure requires a first step."

– Lewis Carroll (Alice´s Adventures in Wonderland)

Dieser Moment ist ein wundervoller, um Träume wahrwerden zu lassen.

Du läufst los. Die ersten Schritte wie auf Glatteis. Unsicher auf rutschigem Grund – noch nicht sicher, wann und wo du ankommen wirst.

Doch du läufst los. Nichts und niemand kann dich aufhalten.

Und während du in schlitternder Bewegung bist, lernst du das Glatteis auszubalancieren. Du machst Erfahrungen und lernst Techniken, du fängst an zu gleiten.

Du kannst nun Schlittschuhlaufen. Wer weiß, vielleicht drehst du ganz bald schon deine erste Pirouette?

Wenn du nicht losläufst, wirst du es nie herausfinden. Wenn du stehen bleibst, wird sich das Eis unter deinen Füßen immer glitschig und unsicher anfühlen. Der Grund wird zu wackelig bleiben für deine Ängste und hohen Erwartungen.

Doch wenn du losläufst, kannst du ihnen immer einen kleinen Schritt voraus sein. Du lässt dich nicht von ihnen bremsen, blickst nicht zurück. Du weißt, dass Zweifel da sind, doch du richtest deinen Fokus nicht auf sie.

Du genießt die schöne Aussicht auf den zugefrorenen See und die Eisblumen im Schilf. Auf den kühlen, blauen Himmel durchzogen von gestreiften Wolken.

Du gehst weiter. Du schlitterst und rutschst, doch du bleibst in Bewegung.

Schließlich kommst du an, auf der anderen Seite des Sees. Als du zurückblickst, stellst du fest, dass mit jedem Schritt die Zweifel und Ängste kleiner geworden sind.

Du hast sie hinter dir gelassen, sie abgehängt.

Du schaust zurück auf den Weg, den du gegangen bist und freust dich, dass du losgelaufen bist. Dass du für dich und deine Träume in Bewegung gekommen bist.

Wenn wir uns auf einen neuen Weg begeben, laufen wir auf etwas Neues zu. Gleichzeitig lassen wir etwas hinter uns zurück. Während wir uns dem, was wir uns ersehnen, annähern, laufen wir auch von etwas weg.

Der Fokus bestimmt die Energie, mit der wir gehen.

Wenn wir uns auf das konzentrieren, was uns erwartet, auf das, weswegen wir überhaupt erst losgelaufen sind, nähren wir unsere Herzensenergie. Wir sehen den Gewinn, die Fülle, die Liebe, den Frieden. Wenn wir unsere Energie auf diese Gefühle lenken, schwingen wir in ihrer Frequenz. Je mehr wir uns auf dieser neuen, hohen Schwingung bewegen, desto stärker ziehen wir auch Resonierendes an.

Fokussieren wir uns hingegen auf das „weg von", können wir leicht in Nostalgie verfallen und in den Wunsch, Vergangenes festzuhalten. Wir sehen den Verlust, haben Angst loszulassen und kommen in die Frequenz des Mangels. Wenn der Weg eine Flucht ist, wird er sich holprig und vielleicht sogar quälend anfühlen.

Richte deinen Fokus also immer wieder neu aus. Mache dir klar, wofür du losgegangen bist, was dich erwartet und was du jetzt schon lebst. Wenn du den ersten Schritt für deinen Traum getan hast, bist du bereits mitten auf dem Weg. Ja, du lebst deine neue Vision bereits und bist schon eine andere Person als du es gestern warst.

Dieser erste Schritt hat dich verändert.

Zurückgehen wird sich nicht mehr stimmig anfühlen, denn du passt da nicht mehr hinein – in dein altes Leben, in dein altes Ich und in dein altes Gedankenkostüm.

Impulsfragen: Welche neue Reise steht für dich an? Worauf freust du dich? Worauf läufst du zu? Was hält dich noch davon ab, loszugehen?

Was wir vom Meer lernen können

Be Water my Friend!

Sei klar.
In deinem Verstand, deinen Bedürfnissen, deinen Wünschen, deinen Grenzen.

Sei pur.
Sei authentisch, spreche deine Wahrheit und nimm die Maske ab, um anderen zu gefallen.

Sei mysteriös.
Ruhe und Frieden, Glitzer und Nebel, Sturm und Flaute. Alles vereint in Einem. Du bist ein Kind des Universums!

Sei der Flow.
Atme ein und aus.
Umarme das, was sich jetzt gerade zeigt. Bleibe präsent und öffne dich dem nächsten Moment unvoreingenommen.

Sei blau.
Frieden im Innen und im Außen. Gehe achtsam mit dir selbst und unserem Planeten Mutter Erde um. Du trägst zur Harmonie der Welt bei.

Sei die Quelle.

Von Liebe, Mitgefühl, deiner eigenen Heilung. Nähre deinen Körper, deinen Geist und deine Seele. Praktiziere Selbstfürsorge und finde Wege, positive Energie in dein Leben zu bringen.

Sei einzigartig, ein Tropfen.

Sei ganz und verbunden, in einem Ozean.

Jeder Tropfen zählt, und zusammen bilden wir ein Meer voller Möglichkeiten. Deine Einzigartigkeit bereichert das Ganze und trägt zur Vielfalt des Lebens bei.

Das Meer ist vollkommen, reich und ein Universum für sich.

Es ist eines der weisesten Lehrer – so pur und rein, authentisch und in seiner vollen Kraft. Es ist unendlich in seinen Facetten, Formen und Farben. Das Meer ist still und laut, ruhig und bewegt, klar und aufgewühlt. Jeden Tag definiert es sich neu. Genauso wie du und das Leben.

Es lebt eine komplexe Welt unter seiner Oberfläche.

Das, was wir sehen, entsteht in seiner Tiefe. Jede Welle formt sich aus einem Strom von Energie. Das Meer ist voll und perfekt. Es ist so, wie es ist, bedingungslos ehrlich. Mal entspringen aus ihm hohe Wellen, mal liegt es spiegelglatt da.

Es lebt im Einklang mit sich und reguliert sich selbst. Das Meer, das Wasser, strebt immer nach Balance. Es fließt in den Ausgleich und findet seine Wege um Hürden herum. Es ist der Ursprung allen Wachstums, es ist seine eigene Quelle.

Das Meer lehrt uns, nicht gegen die Strömung anzuschwimmen. Denn dies kostet viel Kraft und ist nicht der Weg aus einer misslichen Lage heraus. Vielmehr leitet es uns dazu an, alternative Lösungen zu finden und uns nicht in den Kampf zu begeben. Wenn wir Ruhe bewahren, sehen wir Möglichkeiten.

Nichts ist zunächst so, wie es scheint. Der kürzeste Weg gegen den Strom, wird schnell zum ermüdendsten Kampf. Wir dürfen lernen, unsere Kräfte gut einzuteilen und uns von dem Strom des Lebens tragen zu lassen.

Auch im Meer können wir uns von der Strömung so weit herausziehen lassen, bis sie nachlässt und wir von den hereinrollenden Wellen wieder bis zum Ufer getragen werden. Oder wir ändern unseren Kurs und schwimmen zunächst parallel zum Land, bis die Strömung uns loslässt. Alle drei Wege haben das gleiche Ziel: Leben! Wir können also entscheiden, ob wir kämpfen und uns bis zum Umfallen anstrengen wollen oder ob wir im Fluss bleiben.

Sitzen, warten und beobachten.

Auf einer turbulenten See verlieren wir schnell den Überblick. Bleiben wir dauerhaft in Bewegung, erscheint auch alles um uns herum dynamisch und unübersichtlich. Während wir uns bewegen, ist es schwieriger die Geschwindigkeit unserer Umgebung einzuschätzen.

Wir dürfen also lernen, innezuhalten. Wir sind dazu eingeladen, uns einen Moment hinzusetzen, zu warten und einfach nur zu beobachten. Wenn wir abwarten, können wir uns einen Überblick über das verschaffen, was um uns herum geschieht. Wenn wir stehen bleiben und das Außen weiterfließt, nehmen wir uns heraus aus der Bewegung. Wir lösen uns und machen uns frei.

Wir können einen Moment der Ruhe genießen und dann bewusst entscheiden, auf welche Welle wir wieder aufspringen wollen. Damit verschaffen wir uns den Raum, eine Wahl zu treffen. Wir können uns die schönste Welle aussuchen und unsere Kraft gezielt investieren. Wir können und müssen sie nicht alle surfen. Sitzen und abwarten gehört genauso zu jeder Stunde auf dem Wasser wie zum Leben.

Erst im Stillstand spüren wir die Geschwindigkeit, die Dynamik des Geschehens. Der Wechsel von Tempo und Rhythmus macht das Leben spannend und lebenswert.

Wenn wir beim Surfen eine Welle verpassen, ist das kein Verlust.

Jede Welle ist eine Möglichkeit zu lernen. Vielleicht hat einfach die Paddelkraft nicht gereicht, vielleicht haben wir nicht das richtige Timing gehabt. Vielleicht haben wir an der falschen Stelle gewartet.

Egal, was der Grund war, nun wissen wir mehr als vorher. Die nächste Welle kommt bestimmt. Diese Gewissheit liegt in der Natur der Sache. Und wer weiß, vielleicht lag es ja gar nicht an unseren Fähigkeiten. Vielleicht hat einfach nur eine schönere Welle auf uns gewartet?!

Der erste Paddelschlag ist der schwerste.

Wenn wir bereits etwas Geschwindigkeit aufgenommen haben, wird jeder weitere leichter. Auch bekommen wir Stabilität, sobald wir ins Gleiten gekommen sind. Lasse dich nicht irritieren, wenn der erste Schritt mühsam erscheint. Paddle einfach los und stürze dich in die Fluten.

Das Meer lehrt uns, auf unsere Intuition zu hören.

Sie gibt uns das Zeichen, die richtige Welle zu nehmen. Du musst die Gründe für deine Intuition nicht verstehen, sie nicht analysieren. Wenn du die Verbindung spürst, paddle zielstrebig los.

Das Meer trainiert unsere intuitiven Fähigkeiten. Wir trainieren den Blick fürs Ganze, das kombinierte Wissen, welches bereits ins Unterbewusste abgesunken ist. All dies wird in Millisekunden abgerufen. Wir sehen eine Welle und schon springen wir auf unser Board, scheinbar einfach so. Ohne Mühe, einfach im Flow.

Live the search.

Wir können die Wellen, das Meer, die Natur nicht kontrollieren. Jeder Tag, jeder Augenblick zeigt sich auf seine eigene Art und Weise. Lege deine Erwartungen ab. Gehe auf die Suche und finde das, was dich finden will. Springe nicht auf jede Möglichkeit auf, sondern wähle mit Bedacht. Mache dich frei vom Streben nach Perfektion. Das Leben ist nicht perfekt, aber es gibt perfekte Momente. Du kannst sie erleben, indem du dich der Erfahrung öffnest und dich ihr vollständig hingibst.

Eine Surf-Session ist nur so gut, wie das Mindset.

An einem sonnigen Tag findest du die perfekte Welle. Sie hat deine Größe, Form und Kraft. An einem bedeckten Tag findest du kleine kabbelige Wellen. Suche weiter, wenn dir danach ist. Doch verliere dich nicht dabei. An beiden Tagen kannst du die gleiche erfüllende Erfahrung machen. Es sind die Filter und Erwartungen, die wir auf Dinge legen, die uns den magischen Moment verwehren. Wenn wir offen und frei an die Dinge herangehen, kommen wir in den Fluss.

Wellen sind wie Emotionen.

Sie bringen dich in Bewegung. Sie kommen und gehen. Du bist nicht die Welle und du bist auch nicht deine Emotionen. Du surfst sie, du nimmst sie als Antrieb für dein Leben. Du musst nicht jede Welle reiten, kannst aber auch nicht unter allen durchtauchen, wenn du im Fluss bleiben willst.

Mal sind sie stark, mal sind sie schwach, mal groß, mal klein, mal laut, mal leise, mal gewaltig, mal sanft. Wir leben in einem Spektrum, einer Vielfalt. Die Abwechslung lässt uns lebendig werden.

Jede Welle ist einzigartig.

Jeden Tag, jeden Moment, jede Erfahrung erlebst du nur ein einziges Mal. Du kannst keine Welle zweimal surfen und keine Erfahrung wiederholen. Auch dich gibt es nur einmal in deinem wunderbaren Sein. Ja genau, du hast richtig gehört: Du bist einfach einzigartig!

Stille Wasser sind tief.

Die Welle baut sich unter der sichtbaren Oberfläche auf, dort wo es in die Tiefe geht. Nichts ist so, wie es scheint. Wir sehen nur die Oberfläche, ahnungslos, was sich unter dem Wasser abspielt. Wir dürfen eintauchen in unsere Unterwasserwelt und Schätze bergen. Gleichzeitig sind wir dazu eingeladen uns immer wieder daran zu erinnern, dass wir all das, was sich bei unseren Mitmenschen unter der Oberfläche befindet, nicht kennen.

Das Meer lehrt uns, zu wissen, dass wir nichts wissen. Es fordert uns auf, neugierig zu bleiben, anstatt voreilige Schlüsse zu ziehen. Wir werden eingeladen, auf Entdeckungsreise zu gehen und 1000 Fragen zu stellen. Denn nur so werden wir vielleicht mitgenommen in ein unbekanntes Reich, dürfen Neues entdecken und unsere eigene Welt erweitern.

Das Meer hat jeden Tag eine andere Energie, genau wie du.

Mal haben wir mehr zur Verfügung und können die größten Wellen surfen. Dann gibt es Tage, an denen wir einfach nur auf einer Luftmatratze herumdümpeln. An jedem Tag bist du gleich viel wert. An jedem Tag bist du Teil des Ganzen. An jedem Tag bist du ein strahlender Tropfen im ganzen Ozean, der in der Sonne glitzert. Manchmal formen sich große Wellen, manchmal kleine.

Doch die Essenz bleibt dieselbe. Der Wert ist derselbe. Die Fülle, die Liebe und der Wesenskern sind unveränderlich, egal wie das Erscheinungsbild ist.

Nun spring hinein ins kühle Nass und lerne surfen! Lass das Meer seine Weisheit mit dir teilen. Tauche ein in den wunderbaren Strom des Lebens.

Der Ozean

…ist Freiheit.

…ist Unendlichkeit.

…ist Inspiration.

…ist Flow.

…ist Leben.

…ist Heilung.

…ist Verbindung.

Der Ozean ist IN Dir.

Du kreierst deine Realität

"I am not crazy; my reality is just different from yours."

   - Lewis Carroll (Alice's Adventures in Wonderland)

Es gibt keine objektive Realität.

Dies bedeutet im Umkehrschluss, dass wir die Welt individuell wahrnehmen. Wir denken, fühlen, sehen, schmecken, riechen auf eine einzigartige Art und Weise.

Jeder kreiert somit seine subjektive Realität.

Sie ist gefärbt durch Konditionierungen und erlernte Filter. Diese stammen aus der Kindheit, aus Erfahrungen und Erlebnissen. Je nachdem, was wir bereits erlebt haben, nehmen wir also unsere Umwelt wahr. Die Wahrnehmung der äußeren Welt wird durch unser inneres Erleben bestimmt. Denn das, was wir wahrnehmen, wird kategorisiert und einsortiert in bereits Bekanntes oder ähnliche Schubladen.

Das, was wir denken, fühlen und wie wir uns verhalten, formt die Welt. Es prägt nicht nur unsere eigene, sondern auch die kollektive Wirklichkeit.

Das Leben, das wir in diesem Moment leben, verkörpert das, was wir glauben.

Das, was in unserem Inneren seinen Ursprung hat, formt das, was wir uns im Außen erschaffen.

Diese Erkenntnis kann frustrierend sein. Sie kann Mangeldenken aufzeigen und uns mit uns selbst konfrontieren. Es ist nicht leicht, sich genau das anzuschauen und damit zu sich selbst ehrlich zu sein.

Aber in dieser Erkenntnis liegt das größte Potenzial. Denn, wo wir uns Mangel erschaffen können, können wir auch Fülle erschaffen. Dort, wo wir uns Unsicherheit erschaffen, können wir auch Sicherheit erschaffen. Da, wo wir fremdbestimmt sind, können wir in unsere Freiheit investieren.

Diese Erkenntnis ist eine Aufforderung, von innen heraus zu gestalten und nicht auf Erfüllung von außen zu warten. Was du fühlst, verkörperst und bist, das ziehst du auch an.

Gedanken werden zu Ideen.

Aus Ideen werden Visionen.

Aus Visionen werden Pläne.

Pläne sind die Landkarte zu unserer neuen Wirklichkeit.

Mit einem Gedanken beginnt das Erschaffen der eigenen Realität. Denn durch Gedanken kreieren wir Bilder. Viele Bilder aneinandergereiht lassen einen Film entstehen, unsere Vision. Aus dem Wunsch diese Vision zu leben, eröffnen sich die Richtungen und unsere Wegkreuzungen.

Mit unseren Gedanken und Verhaltensweisen füttern wir unseren inneren Film. Wir erschaffen durch unsere Vorstellungen das Material für die Handlung. Wenn wir uns also in Richtung

Fülle, Liebe und inneren Frieden bewegen, können wir heilsame Gedanken als Samen für unsere Entwicklung kultivieren. So erschaffen wir uns den Himmel auf Erden.

Das, was wir über uns selbst, über andere und die Welt denken, erbauen wir auch im Physischen. Wir verkörpern es und bauen eine stoffliche Welt, die von unserer inneren Architektur geleitet wird. Wenn wir dazu fähig sind, große Visionen zu erschaffen, komplexe Gebäude und prachtvolle Schlösser zu erträumen, dann sind wir auch dazu in der Lage, sie im wahrsten Sinne des Wortes zu erbauen.

Wir müssen uns jedoch darüber bewusst sein, dass wir uns genau damit auch die Hölle auf Erden erschaffen können. Wir können uns Gefängnisse, Enge und unzählige Limitierungen errichten, die unserer Gedankenkraft entspringen. Wir können Mangel, Armut, Hass, Neid und Missgunst nähren. Kurzum, wir spiegeln und verkörpern unsere Überzeugungen.

Nie sind wir nur das eine oder andere. Wir alle tragen Anteile beider Pole in uns. Doch wir können uns entscheiden. Wir haben eine Wahl.

Wir können uns mutig dem Unangenehmen, der Andersartigkeit und der Ungewissheit stellen und bessere Architekten werden.

Architekten, die nachhaltig und für die Gemeinschaft denken.

Architekten, die mit Naturmaterialien arbeiten.

Architekten, die ständig neue Ideen haben und neue Farbkonzepte ausprobieren.

Architekten, die das Problem an der Wurzel packen und nicht nur mit Glitzerlack übermalen.

Architekten, die Freigeister sind.

Architekten, die Inspiration in die Welt bringen.

Architekten, die Impulse geben und Räume schaffen, in denen sich andere Seelen entfalten können.

Architekten, die sich austauschen und gemeinsam erschaffen.

Architekten, die das Werk des anderen vielleicht nicht verstehen, aber gerade deshalb als Einladung zum Wachsen verstehen.

Du bist der Architekt deines eigenen Lebens!

Was möchtest du heute erschaffen?

Das Wachstum bist du

Wir wachsen ein Leben lang.

Das liegt in unserer Natur und ist ein Prozess ohne definierten Endpunkt. So wie jede Pflanze aus dem Samen sprießt, langsam an die Oberfläche kommt und dort die ersten Sonnenstrahlen empfängt, so wachsen auch wir. Die Saat ist der Ursprung all dessen, was wir später ernten. Es folgt eine Phase der Geduld bis wir Resultate des Wachstums sehen und es beobachten können. Wir bemerken das sprießende Grün. Erste Knospen bilden sich aus und die Pflanze steht kurz vor der Entfaltung. Der Sommer kommt und die Blüten zeigen sich in ihrer vollen Pracht. Im Herbst werden Blätter abgeworfen. Sie verändern ihre Farbe und werden losgelassen. Darauf folgt der Winter. Kahle Äste, Rückkehr zum Anfang. Es wird sich auf den neuen Zyklus vorbereitet.

So funktionieren auch wir. So wachsen, lernen, heilen wir. Dies zu erkennen, ist wichtig. Denn es bringt uns in ein tiefes Vertrauen. Auf den Winter folgt immer der Frühling.

Auch wenn wir den Fortschritt nicht messen können und er nicht jeden Tag sichtbar ist, so ist er doch da. Wenn wir unser eigenes Wachstum und unsere Veränderungsprozesse wie eine Pflanze betrachten, die den Jahreszeiten unterworfen ist, können wir auch erkennen, dass es keine Eile gibt.

Wir müssen uns nicht immer anstrengen, kämpfen und rennen. Wachstum geschieht auf natürliche Weise. Es geht vielmehr darum, den Weg mit Gelassenheit zu gehen und sich dem Rhythmus der Natur anzupassen.

Er terminiert uns nicht, sondern ist unsere Antriebsfeder und verhilft uns zeitgleich, gut mit unseren Ressourcen umzugehen.

Wie eine Blume entfalten wir unsere Kraft und Schönheit aus der Mitte heraus. Dies geschieht erst, nachdem wir Wurzeln gebildet haben. Ohne tiefe Wurzeln knickt die Pflanze sehr schnell um, sie verliert ihr Gleichgewicht und ihren Halt. Genau dasselbe gilt auch für uns.

Wir säen Samenkörner für das, was einmal sein wird. Dann gießen wir sie regelmäßig. Wir nähren sie und üben uns in Geduld. Wir vertrauen darauf, dass unter der Erdoberfläche ein Prozess begonnen hat, den wir noch nicht sehen können. Aber weil wir wissen, denn dies ist die Natur der Sache, der Rhythmus der Jahreszeiten und das Prinzip des Wachstums, dass eines Tages sich eine kleine grüne Sprosse zeigen wird, bleiben wir in der Freude und schenken der Wachstumsarbeit Liebe sowie Aufmerksamkeit. Und nun möchte ich dich daran erinnern: Du bist dieses Samenkorn.

Sorge für dich selbst genauso liebevoll und geduldig, wie du es für deine Garten tust.

Wachstum – sich ausdehnen und nach den Sternen greifen.

Mit leuchtenden Augen blickst du auf deine Vision. Deine Entschlossenheit, deine Kraft und deine Motivation sind deine Begleiter. All das möchtest du mit der ganzen Welt teilen.

Und dann ist da diese andere Seite, die eine Ambivalenz erzeugt. Der Druck, schneller, höher, weiter. Dieser Trend wird vor allem durch unsere moderne, schnelllebige und stark vernetzte Welt angeheizt. Du wirst mit einem Überfluss an Informationen, Ratschlägen und Aufgaben konfrontiert. Du siehst andere in sozialen Netzwerken und vergleichst deinen Weg. Du blickst nicht mehr durch – ein Dschungel an Einflüssen, an Anleitungen, wie dir das perfekte Leben, dein Business und das Liebesleben gelingt. Du ziehst sie dir rein, die 20 Schritte bis zum maximalen Erfolg. Was bleibt, ist eine ungemeine Verwirrung und eine Distanz zu dir selbst.

Wachstum und Veränderung sind einzigartig, genau wie du.

Es gibt keine Messlatte oder eine Modellvorstellung, wie dieser Prozess auszusehen hat. Kreiere deinen eigenen Weg.

Deine Authentizität ist deine Stärke.

Nimm dich selbst mit auf deine Reise und verkörpere deine eigenen Werte. Niemand kann dir sagen, wie schnell es gehen wird, wie hoch du wachsen oder wie weit du dich ausdehnen wirst.

Du sitzt am Steuer deines eigenen Schiffes. Du bestimmst den Kurs, die Geschwindigkeit und das Ziel. Wenn du eine Rast einlegst, bist du es, der den Anker wirft.

Dein Segelschiff, deine Koordinaten, deine Landkarte und der Schatz auf der fernen Südseeinsel sind einzigartig.

Auch ist es dein individueller Rhythmus, in dem du dich auf deine Reise begibst.

Wachstum darf Spaß machen.

Vergiss nicht, bei aller Zielstrebigkeit deine Freude mit an Bord zu nehmen. Erhalte dir ein positives Gefühl. Es lässt dich noch mehr Motivation entwickeln und am Ball bleiben. Nimm dich selbst nicht zu ernst und nimm die Dinge mit Humor.

Wachstum ist nicht linear.

Manchmal expandieren wir rasant, dann gedrosselt und dann stehen wir kurz still, bevor wir die nächste Linkskurve nehmen, um an der nächsten Kreuzung rechts abzubiegen. Du kannst deine Veränderung nicht planen und auch nicht kontrollieren. Lass los und genieße die Abwechslung auf deiner Fahrt. Jede gute Geschichte hat einen Spannungsbogen, bei dem Tempo und Rhythmus variieren. So wird auch deine sein. Nimm die Einladung für deine eigene Geschichte mit Höhen und Tiefen neugierig und offen an.

Die Sterne erreichst du, indem du einen Fuß vor den anderen setzt. Überfordere dich nicht mit zu großen Sprüngen. Teile deinen Weg in Teilabschnitte ein und gehe kontinuierlich einen Schritt nach dem anderen. Wenn du dich vollkommen erschöpfst, wirst du die Motivation und das Vertrauen in dich verlieren. Bremse dich nicht, aber übertreibe auch nicht. Versuche deine Balance zu halten.

Manchmal darfst du erst einmal in deine Träume hineinwachsen, um dann anschließend mit ihnen gemeinsam zu wachsen. Bleib geduldig. Manchmal müssen wir uns erst einmal zu der Person entwickeln, die unserer Vision entspricht. Deshalb sind Teilerfolge nicht immer offensichtlich. Bestärke dich selbst in jedem noch so kleinen Erfolg, indem du ihn für dich sichtbar machst.

Wachstum leitest du ein, indem du auf deine Intuition hörst.

Denn du wirst die für dich richtigen Entscheidungen im richtigen Moment treffen. Wenn du auf deine Intuition hörst, schöpfst du aus einem großen Wissensschatz unter der Oberfläche, gespeist aus vielen Erfahrungen und Erkenntnissen, auf die du nicht bewusst zugreifen kannst. Diese Quelle existiert in dir und du bist dazu eingeladen, deine Intuition jeden Tag besser kennenzulernen und ihr zu vertrauen.

Folge dem Weg deines Herzens. Verschwende nicht deine kostbare Lebenszeit und Energie damit, gegen Widerstände anzukämpfen, um durch eine Tür zu gehen, die nicht für dich gemacht ist. Du wirst merken, dass du deinem Herzen folgst, wenn du deinen Weg genießt. Du ziehst das an, was für dich gemacht ist.

Wenn du deinem Herzen folgst, bist du auf dem richtigen Weg.

Das heißt aber natürlich nicht, ohne Kopf loszulaufen.

Vielmehr geht es darum, deinen Weg im Vertrauen zu beschreiten und den Verstand nicht überzubewerten. Das Herz und die Signale deines Körpers haben immer Recht. Sie sind immer eine Botschaft und ein Wegweiser.

Bringe sie in Einklang mit deinem analytischen Verstand und verstehe sie als Einladung, deine Gedanken zu beobachten. Wenn dein Herz dir sagt: „Ja, geh jetzt!" und dein Verstand sagt: „Nein, warte auf den richtigen Moment!", dann ergründe die ambivalente Botschaft.

Was ist der richtige Moment? Welche Umstände sollen eintreten, damit du losgehen darfst? Welches Bedürfnis steht dahinter? Ist es Sicherheit? Lässt du dich von deiner Angst blockieren? Wird diese Angst in einem Jahr wirklich von allein deinen Weg freimachen?

Glaub nicht alles, was du denkst.

Vertraue deinem Herzen, deiner Intuition, deinem Gefühl. Entdecke diese innere Stimme in dir. Verkaufe deine Seele nicht für etwas oder jemanden. Vergeude nicht deine kostbare Zeit auf dieser Erde. Du kannst deine Energie so viel sinnvoller investieren. Wenn du spürst, dass das, was du tust, dich deinen Frieden kostet und dich in ein Ungleichgewicht bringt, dann ist es zu teuer.

Wachstum darf langsam sein.

Eine Veränderung zeigt sich nicht immer sprunghaft. Nachhaltige Veränderungen brauchen Zeit und Geduld. Begegne dir selbst mit Verständnis und Nachsicht. Gehe in deinem Tempo. Erinnere dich an die vier Jahreszeiten. Erkenne deinen eigenen Rhythmus, deine eigene innere Uhr.

Es gibt keine Eile. Wachstum ist kein Wettbewerb. Der Wachstumsprozess ist nicht vergleichbar. Du bist einzigartig und genauso verkörperst du deine Entwicklung. Ziehe keine Vergleiche mit anderen. Eine Lilie ist genauso schön wie eine Tulpe. Es sind zwei verschiedene Blumen und sie wachsen Seite an Seite, jede auf ihre Weise.

Bilde tiefe Wurzeln und du wirst hoch wachsen, stabil und schön und wunderbar. Integriere das Wachstum. Reflektiere dich und hole dich immer wieder bei dir selbst ab. Du baust dein eigenes Fundament.

Feiere jeden noch so kleinen Erfolg. Schätze das wert, was du bereits erreicht hast. Manchmal mag es banal erscheinen, aber genau diese Dinge sind es, die zählen.

Die kleinen Veränderungen formen das große Ganze.

Wenn du jeden Tag anerkennst, was du geleistet hast, erkennst du auch dich selbst an. Du steigerst deine Selbstwertschätzung und damit deine Herzensenergie.

Sei dankbar, für das, was ist. Gib den Widerständen keinen Raum. Übe dich darin, die Details zu erkennen. Manchmal ist es schwierig, das anzunehmen, was sich gerade zeigt. Doch nichts ist schwarz oder weiß.

In allem und jedem findest du Facetten, Nuancen und Mikrowunder.

Praktiziere Dankbarkeit. Es wird dir leichter fallen, wenn du dir die Schönheit der kleinen Dinge bewusst machst. Aber pass auf! Je dankbarer du bist, desto mehr Schönes siehst du. Du wirst hineingezogen in den magischen Strom des Glücks.

Mach Fehler! So viele du willst und immer wieder. Sie lehren dich am meisten. Denn sie sind unbequem. In diesem Zustand begegnen wir häufig unserem größten Mangeldenken und bekommen die Möglichkeit, es aufzulösen. Fehler helfen dir dabei, dich weiterhin selbst zu lieben und zu erkennen, dass dein Wert und dein Strahlen unantastbar sind.

Lache über deine Fehler und befreie dich von der Schwere. Nimm sie mit Humor und Leichtigkeit. Du kannst sie nicht ungeschehen machen. Also bringt es auch nichts, eine Dramatik zu kreieren und ihnen zu viel Gewicht zu geben. Mache mehr Fehler und wachse weiter an ihnen. Thank God! Zum Glück sind wir alle menschlich und damit so perfekt unperfekt.

Steh wieder auf, richte deine Krone, schüttle den dumpfen Schlag ab und dann Fokus Richtung Sonne. Das, worauf du dich konzentrierst, wird in deinem Leben wachsen und gedeihen. So richte deinen Blick nach vorne auf all das Schöne, das vor dir liegt und schon in deinem Leben ist.

Sei frustriert! Erlaube dir jede Emotion, die sich zeigen will. Es gibt keine negativen Emotionen, aber dazu später mehr. Spüre sie, lebe sie, lass sie raus. Verschaffe dir Luft und Raum.

Lass los! Tu was du kannst und lass es genug sein. Du bist schon jetzt vollkommen und heil. Du warst es schon immer.

Lass den Kampf los, du musst nichts beweisen.

Alles wird sich für dich fügen.

An jedem Anfang steht eine Entscheidung. Wenn du diese Veränderung wirklich willst, dann gibt es keinen Weg daran vorbei. Du wirst das erreichen, was du dir vorgenommen hast. Du wirst dich nicht bremsen lassen, denn dein inneres Feuer ist zu stark. Es werden dir Hürden begegnen und deine Entschlossenheit wird auf die Probe gestellt werden. Bereite dich darauf vor und lege dir deine Strategien zurecht. Sammle unterwegs Werkzeuge, die dir persönlich helfen, dein Ziel zu erreichen.

Was auch immer dein ganz persönliches Rezept ist, um dranzubleiben: Trainiere es, verinnerliche es und gehe die einzelnen Schritte natürlich und im Fluss. Nimm dich mit und hole dich immer wieder dort ab, wo du aus deiner Mitte gekommen oder auf einen Stolperstein gestoßen bist. Reiche dir selbst die Hand und nimm erneut Anlauf. Du schaffst das!

Impuls: Expansion

Um hoch zu fliegen, musst du gut geerdet sein.

Umso tiefer deine Wurzeln reichen, desto weiter kannst du dich gen Himmel strecken.

Nimm dir die Zeit, die DU persönlich brauchst, um die Brücke und das Fundament zu bauen, damit du diese beiden Dimensionen verbinden kannst.

Du wächst, du heilst und expandierst im Flow, nicht unter Druck.

Das Gewicht, das andere versuchen, auf deinen Schultern abzulegen, ist nicht dein Gepäck.

Höre auf deine innere Stimme.

Und dann, wann auch immer du bereit bist, dehne dich aus, entfalte dich und breite deine Flügel aus.

Genieße deinen Höhenflug!

Bleibe dir selbst treu und empowere andere durch deine Einzigartigkeit!

Intuition

Die Intuition ist ein wundervolles Geschenk, das uns in die Wiege gelegt wurde. Sie hilft uns, komplexe Zusammenhänge in kürzester Zeit zu beurteilen. Sie lässt uns erkennen, ob das, was mit Worten transportiert wird, der Wahrheit entspricht. Wir können mit der Intuition zwischen den Zeilen lesen und Informationen empfangen, die weit über die verbale Kommunikation hinausgehen. Sie hilft uns, Entscheidungen zu treffen.

Unsere Intuition ist bedingungslos für uns. Sie weist uns den Weg zu unserem Herzen und gibt uns Orientierung. Wenn wir auf unsere Intuition hören, nehmen wir uns selbst mit. Wir handeln im Einklang mit unseren tiefsten Überzeugungen. Eine große Herausforderung ist jedoch, voller Vertrauen diese innere Stimme wahrzunehmen und ihr entschlossen zu folgen.

Manchmal teilt uns unsere Intuition etwas mit, was wir zunächst nicht hören wollen. Es kann sein, dass sie schon längst mit dem Zaunpfahl winkt, wir uns aber noch in den Widerstand begeben. Die Intuition flüstert uns zu, loszulassen und endlich den Pfad zu betreten, der für uns bestimmt ist. Wenn wir dann irgendwann an diesen Punkt kommen, oft nach großer Anstrengung und Leidensdruck, sind wir davon überzeugt, das doch schon von Anfang an gewusst zu haben. Und ja, wir wussten direkt von Beginn, wo wir an der Wegkreuzung abbiegen wollten. Wir haben uns nur selbst sabotiert, indem wir dem Verstand zu viel Gewicht gegeben haben.

Wir können uns sehr viel Stress, Energie, Leid und Umwege ersparen, wenn wir mit unserer Intuition arbeiten, wenn wir sie immer besser erkennen lernen und dann anschließend auch auf sie hören.

Intuition ist eine Superkraft und jeder hat sie.

Dort, wo Intuition ist, ist kein Raum für Zweifel.

Du weißt es einfach.

Du spürst die Klarheit und das Vertrauen.

Intuition ist ein starker Wegweiser zu deiner Bestimmung.

Sie macht dich entschlossen und zielstrebig.

Intuition stellt die Weichen.

Du hast durch sie Zugang zu deiner Wahrheit.

Sie ist deine Führung.

Deine Intuition bringt dich auf deinen Herzensweg.

Sie korrigiert deinen Kurs.

Entschleunige.

Verbinde dich mit dir selbst.

Übe dich in Achtsamkeit.

Gehe in die Natur.

Nähre deine Intuition.

Intuition ist deine Superkraft!

Andere sagen vielleicht: „Tu es auf diese oder jene Weise."

Dein Bauch sagt dir, ob sie richtig oder falsch liegen.

Dein Herz leitet dich. Es ist dein persönlicher Kompass.

Deine leise innere Stimme wird zu einem starken Gefühl.

Höre auf dieses Gefühl!

Impulsfragen: Was wäre anders in deinem Leben, wenn du jederzeit volles Vertrauen in deine Intuition hättest? Was wäre anders, wenn du jederzeit Zugang zu ihr hättest?

„Auf dem Weg zu einer Entdeckung hat der Intellekt wenig zu tun. Es kommt zu einem Bewusstseinssprung, nenne es Intuition oder was du willst, und die Lösung kommt zu dir und du weißt nicht wie oder warum."

– Albert Einstein

Was genau ist Intuition denn eigentlich?

Das Wort kommt aus dem Lateinischen und bedeutet „genau hinsehen" oder „anschauen". Intuition ist ein kreativer Vorgang, in dem Wissen und Gefühle ohne bewusste kognitive Prozesse (Wahrnehmen, Denken, Lernen, Erinnern) kombiniert und bewertet werden. Dabei wird auf Informationen zurückgegriffen, die im impliziten (unbewussten) Gedächtnis gespeichert sind. Das bedeutet, dass wir durch Intuition auf unbewusste Informationen zurückgreifen können, die sie für uns auswertet und auf die wir gerade keinen bewussten Zugriff haben. Sie kann als emotionale Intelligenz bezeichnet werden und geschieht instinktiv.

Die Intuition ist also nicht nur irgendein Gefühl, sondern speist sich aus dem Wissen, das wir in uns tragen. Alles, was wir erleben und wahrnehmen, speichern wir ab. An Vieles erinnern wir uns nicht mehr aktiv. Aber wir vergessen nichts.

Die Frage ist nur, wie wir auf das Wissen zugreifen. Der Weg, die Art des Zugriffs bestimmt also, ob wir uns eine scheinbar vergessene Erinnerung wieder bewusst machen können. Das kann ein bestimmtes Wort sein, ein Geruch, eine Farbe, ein Bild, ein Ort,… Unsere Erinnerungen, Erfahrungen und unser Wissen sind komplex miteinander verknüpft. Hebt jemand oder etwas eine entsprechende Masche in dem Wissensnetz an, können diese Erinnerungen wieder hervorgeholt werden. Sie gelangen in diesem Moment von dem unbewussten in das bewusste Gedächtnis.

Der Vorteil der unbewussten Prozesse in unserem Gehirn ist, dass mehrere Prozesse parallel ablaufen können. Sie ergänzen sich gegenseitig und bewältigen komplexe Aufgaben. Hingegen ist die Kapazität der bewussten Prozesse sehr begrenzt. Im bewussten Teil verlaufen die Prozesse seriell, also nacheinander und können nicht parallel verarbeitet werden.

Deshalb bilden wir auch sogenannte Konzepte aus, um handlungsfähig zu sein. Zum Beispiel sehen wir eine Frau in einem weißen Kleid, einen Mann in einem schwarzen Anzug, viele Menschen um sie herum, eine Torte und Blumen. Wir erkennen sofort das Konzept „Hochzeit", ohne dass wir bewusst die einzelnen Elemente auswerten müssen. Denn dies würde unsere Kapazität der Wahrnehmung und Informationsverarbeitung sprengen. Auch handeln und entscheiden wir nach Faustregeln, sogenannten Heuristiken. Unabhängig von der Intuition greifen wir also ständig auf unbewusste Anteile zurück. Wir verfügen demnach über eine unbewusste Intelligenz. Intuition greift auf genau diese zu.

Unsere Intuition IST eine unbewusste Intelligenz.[1]

Diese Form der Intelligenz hat verschiedene Dimensionen. Zum einen bezieht sie sich auf die mitmenschliche, unbewusste Intelligenz im Alltagsleben. Zum anderen öffnet sie kollektiv

---

[1] vgl. Ermann, 2013, S.140

unbewusste und spirituelle Räume. Damit verbunden sind seherische und prophetische Fähigkeiten.[2]

Intuition führt uns also in Räume, die dem rationalen Denken nicht zugänglich sind.

Intuitives Handeln setzt jedoch voraus, dass wir diese innere Stimme wahrnehmen und ihr anschließend folgen.

Ist das Intuition oder kann das weg?

Du weißt, was deine Intuition ist und wie sie sich anfühlt.

Vielleicht hast du es im Laufe deines Lebens vergessen oder die Klarheit, deine Intuition zu erkennen, ist etwas verschwommen. Vielleicht fehlt dir auch die Sicherheit, nach deiner Intuition zu handeln. All das kann durch Konditionierungen geschehen. Durch unsere Erfahrungen können unsere Wahrnehmungen verzerrt werden.

Vielleicht hat dir schon einmal jemand vermittelt, deine Gefühle seien falsch – was nebenbei gesagt, ein Ding der Unmöglichkeit ist. Doch speichern wir diese Erlebnisse unter Umständen als dysfunktionale Glaubenssätze und damit unsere Wahrheit ab. Das wiederum kann uns daran hindern, unserer Intuition weiterhin zu vertrauen.

Doch du weißt, was deine Intuition ist und wie sie sich anfühlt.

Du musst dich nur daran erinnern.

---

[2] vgl. Ermann, 2013, S.136ff.

Das Erinnern bezieht sich auf die Rückkehr zu dir selbst, auf deine eigene Wahrheit, auf deine innere Mitte.

Manchmal verwechseln wir Intuition mit einem impulsiven Gefühl, das unter Stress oder Druck entsteht. Sei achtsam in solchen Momenten und suche dir deinen Ruhepol. Höre genau hin und spüre in dich hinein. Dein Körper weiß es. Fühle also einmal genau in dich hinein. Wo sitzt das Gefühl, das du hast? Und wie genau fühlt es sich an?

Wenn du eine Enge spürst, wenn du Zeichen von Stress in deinem Körper wahrnimmst und der Impuls aus dem Bereich des Solarplexus kommt, dann ist das wahrscheinlich der Weg zu einer impulsiven Entscheidung. Das ist nicht deine Intuition.

Denn diese liegt tiefer und wird nicht ohne Grund auch „Bauchgefühl" genannt. Das Gefühl, das dir die Intuition vermittelt, ist Klarheit. Du spürst die Gewissheit, dass das, was dir diese innere Stimme sagt, wahr ist. Der Unterschied zwischen Impuls und Intuition ist der Ursprung, aus dem diese beiden Gefühle entstehen. Der Anstoß für eine impulsive Handlung entspringt dem Stress. Es ist die Mobilisierung zum Kampf oder zur Flucht. Die Intuition hingegen kommt aus deiner Mitte. Sie dient dir, im Einklang mit deinem natürlichen Sein zu handeln und wertet viele Informationen aus.

Es kann jedoch auch vorkommen, dass wir das, was uns die Intuition mitteilt, zunächst einmal ablehnen und es uns unangenehm erscheint. Es kann sein, dass die Intuition uns auffordert, uns zu verändern und alte Muster zu durchbrechen. Das ist natürlich im ersten Moment nicht unbedingt der einfachste Weg und kann zu Widerständen führen. Er führt uns aber letztendlich zu unserem authentischen Handeln. Die wahre Intuition von einer Stressantwort zu unterscheiden, ist nicht immer ganz einfach.

Nimm dir ausreichend Zeit und Raum, um genau hinzuschauen.

Auch kann es sein, dass wir uns einmal irren. Vor allem dann, wenn wir unsere Intuition erst einmal kennenlernen und Vertrauen zu ihr aufbauen müssen. Doch lass dich davon nicht entmutigen. Fehler machen ist wichtig. Aus ihnen können wir viel lernen. Wichtig ist nur, danach zu erkennen, wann du intuitiv und wann du impulsiv entschieden hast.

Mache dir also nach der Entscheidung klar, ob sich dein Gefühl als Intuition bewahrheitet hat oder nicht. Gehe noch einmal in das Gefühl hinein und überlege, was genau du gespürt hast. Wenn es dir gelungen ist, deine Intuition zu erkennen und nach ihr zu handeln, verstärke diesen Erfolg. Mache ihn dir bewusst. Denn so kannst du ihn wiederholen. Alles, was nicht Intuition war, kannst du aussortieren. Beim nächsten Mal wirst du schon klarer darüber sein, welche Tendenz dein Gefühl hat.

Nun gibt es aber auch die Möglichkeit, dass wir unsere Intuition schon sehr gut kennen, aber dennoch Schwierigkeiten haben, ihr zu folgen. Wir spüren Unsicherheiten oder Blockaden, das zu tun, was sich richtig anfühlt. Oft werden in diesem Moment Ängste angesprochen. Angst vor Verlust, Angst vor Veränderung, Angst vor dem Loslassen. Wenn du dich gerade in einem dieser Zustände befinden solltest, springe gerne zu einem entsprechenden Kapitel.[3]

---

[3] Zum Beispiel kannst du dir „Mut und Angst" oder „Altes loslassen" durchlesen.

Um dich selbst zu bestärken, stelle dir einmal vor, was sich für dich alles zum Positiven transformieren und entfalten wird, wenn du auf deine innere Stimme hörst. Wir unterschätzen oft den Gewinn und überschätzen den Verlust. Dies ist eine weitere Heuristik aus der Psychologie.

Die Intuition sagt uns manchmal auch etwas, was wir nicht hören wollen. Kurzfristig kann das Folgen der Intuition daher auch einen Widerstand auslösen. Der aufgezeigte Weg mag uns hemmend erscheinen. Er bringt uns aus unserer Komfortzone heraus und weist in die entgegengesetzte Richtung, in die wir im ersten Moment gehen wollten. Dieses Phänomen wird als „dissonante Intuition" bezeichnet.[4]

Der Begriff leitet sich von der psychologischen Definition der kognitiven Dissonanz ab. Diese beschreibt eine Überzeugung und eine Verhaltensweise, die sich widersprechen und dadurch einen Spannungszustand – eine Dissonanz – auslösen. Um diese Spannung zu reduzieren, haben wir Strategien entwickelt. Wir vermeiden dissonante Kognitionen, indem wir unser Verhalten oder unsere Einstellung ändern. Somit geben wir zum Beispiel einer Entscheidung im Nachhinein eine andere Bedeutung oder formulieren ursprüngliche Ziele um. Sehr oft läuft dies unbewusst ab und geht so weit, dass wir uns nicht mehr erinnern können, was genau wir vorher gedacht haben. Wir können also selbst keine Veränderung in unseren Gedankengängen feststellen, sondern sind davon überzeugt, schon immer dieser Einstellung zu folgen und begehen dabei einen sogenannten Rückschaufehler.[5]

---

[4] vgl. Ermann, 2013, S.139
[5] vgl. Felser, 2015, S.226

Auch nehmen wir in einem dissonanten Zustand bestimmte Informationen nicht wahr oder leugnen sie sogar. Um diesen Spannungszustand abzubauen, beschaffen wir uns mitunter gezielt einseitige Informationen und legen diese zu Gunsten des eigenen Verhaltens aus, obwohl man ja eigentlich weiß, dass es nicht gut ist oder es gegen die wahre Überzeugung geht.

Zum Beispiel nehmen wir uns vor, weniger Süßigkeiten zu essen. Aber dann greifen wir doch zu einer Tafel Vollmilchschokolade und leugnen den Zuckergehalt. Wir essen diese Schokolade, obwohl wir wissen, dass ein Apfel besser wäre. Im Nachhinein rechtfertigen wir dann unsere Entscheidung mit der Recherche über Schokolade als Superfood und mit der medizinischen Heilwirkung von Kakao.

In Bezug auf intuitive Entscheidungen und Wahrnehmungen beschreibt die dissonante Intuition das gleiche Phänomen. Beispielsweise sagt uns unsere Intuition: Kündige den Job. Befreie dich aus der toxischen Beziehung. Reise nach Indien. Doch wir verharren in unserer Situation, nehmen die Warnsignale oder Red-Flags nicht wahr, leugnen sie. Wir tun Dinge für unseren Chef, unseren Partner oder die Erwartungen unserer Mutter, obwohl sie eigentlich unseren eigenen Überzeugungen widersprechen. Dann rechtfertigen wir es mit rationalen Argumenten. Jedoch stehen diese Argumente nicht im Einklang mit unserem Herzen und unserem Bauchgefühl. Diese Strategien entspringen oft unserem Bedürfnis nach Sicherheit oder nach Liebe und Zugehörigkeit.

Schnell tun wir das, was alle tun. Das, was irgendwie normal ist. Das, was die Norm ist. Damit begründen wir unser Verhalten. Aber es ist ein Ausweichen vor der Angst, die wir haben, wenn wir diese Normen brechen. Wir handeln demnach nicht frei und selbstbestimmt.

Es lohnt sich deshalb sehr, wenn wir uns diesen beschriebenen Spannungszuständen stellen und uns nicht weiter selbst zu manipulieren. Denn auch ist es ein Leichtes, die äußeren Gegebenheiten, die vermeintlichen Erwartungen als Ausreden für den eigenen fehlenden Mut zu benutzen. Es mag schmerzhaft sein, dies zu lesen. Doch es ist ehrlich und eine häufige Ursache, der eigenen Intuition nicht zu folgen. Um zu heilen und unsere Blockaden zu überwinden, müssen wir uns selbst ehrlich begegnen. Das kann sich zunächst unangenehm anfühlen. Denn plötzlich erkennen wir unseren eigenen Anteil in all dem. Aber gehen wir einen Schritt weiter, stehen wir bereits mit einem Fuß in der Freiheit, unserer Selbstbestimmung.

Wir können unsere Intuition trainieren, sie stärken. Im Grunde sind die folgenden Dinge, alles Techniken oder Aktivitäten, die dich näher zu dir selbst bringen und somit deine Bewusstheit erweitern. Der Aufenthalt in der Natur stärkt die intuitiven Fähigkeiten. Sie nährt die Seele, den Körper und den Geist. Sie hilft dabei, uns zu zentrieren und wieder in unsere Mitte zu kommen. Unser Nervensystem entspannt sich, wenn wir uns in der Natur aufhalten. Sie wirkt entspannend und stärkt die Widerstandskräfte. Grüne Resilienz nennt man diese Kraft, die Belastungen abfedert und aus der Verbindung zur Natur gewonnen wird. Je mehr Zeit wir im Freien verbringen, desto mehr orientiert sich der Körper am natürlichen Biorhythmus.

Auch Achtsamkeit und Meditation können die Intuition stärken. Beides trägt dazu bei, sich seiner selbst, seiner Gedanken, Gefühle und seiner Umwelt bewusster zu werden. Dabei ist es hilfreich, möglichst viele äußere Reize auszublenden. Je weniger man aus dem Außen empfängt, desto mehr gelingt es, den Fokus nach innen zu richten und sich zu zentrieren. Prasselt viel auf uns ein, ist unsere Wahrnehmung schnell überfordert und wir müssen all das verarbeiten. Wir sind dann schnell überreizt. Es hilft daher sehr, möglichst viel Zeit offline zu verbringen, um bewusster und präsenter zu werden. Umso weniger Stimmen, Meinungen und Gedankengänge wir aufnehmen, desto besser gelingt es uns, unsere wahrzunehmen und sie als die eigene zu identifizieren.

Der Schlüssel zur Intuition ist die Nähe zu uns selbst.

Denn wenn wir mit uns selbst verbunden sind, können wir auf einen unendlichen Schatz an Wissen und Erfahrung zurückgreifen. Unsere Intuition wertet diesen für uns aus und weist uns die Richtung.

Talent, Berufung und Bestimmung

„Don´t ask what the world needs. Ask what makes you come
alive. Because what the world needs most, is people who have
come alive."

- Howard Thurman (The Rise of Superman)

Vielleicht hegst du Zweifel. Vielleicht bist du dir nicht sicher, ob du
ein besonderes Talent hast und wenn ja, welches du davon zu deiner
persönlichen Superkraft machen möchtest.

Zunächst einmal: Wenn du viele Neigungen und Stärken hast,
du musst dich nicht entscheiden! Oft wird uns in der Schule oder
im Elternhaus vermittelt, dass wir uns festlegen sollen.
Normalerweise wird sich auf ein Ziel, ein Fach, einen Schwerpunkt
festgelegt und dann möglichst der Expertenstatus darin erreicht.

Doch dein Leben ist nicht „normal".

Dein Leben ist deins und es ist einzigartig.

*Du darfst Millionen von Stärken haben und du darfst dich auch
jederzeit umentscheiden.*

Du darfst alle deine Neigungen ausleben, denn irgendwann wird
alles einen Sinn ergeben und sich für dich zu einem großen Ganzen
zusammenfügen. Wir sind auf dieser Welt, um Erfahrungen zu

sammeln. Wir sind nicht hier, um zu funktionieren, einfarbig zu sein und in der grauen Masse unterzugehen.

Sei authentisch und wunderbar – ebenso, wie du bist und schon immer warst! Das zu erkennen, führt dich zu deinem größten Talent. Denn das bist du selbst. Es ist dein Sein und das, was du durch deine individuelle Persönlichkeit, deine Sichtweise und Wahrnehmung, deine besondere Energie in die Welt bringst.

Talent wird häufig als eine besondere Leistungsfähigkeit definiert und als ein Geschenk, das jemand von Geburt an mitbekommen hat. Wir alle haben Talente. Wir alle sind von Natur aus gut in etwas.

Doch sollten wir uns auch nicht zu sehr darauf fixieren. Wenn es um die Frage geht, warum jemand etwas erreicht hat und ein anderer nicht, ist es leicht, sich in die Position zu begeben und zu behaupten, der eine hätte es leichter gehabt, weil ihm dieses Talent von vornherein in die Wiege gelegt wurde. Das Talent eines anderen kann fast schon als Ausrede benutzt werden, um sich nicht selbst bewegen zu müssen. Dabei übersieht man die Hingabe, die harte Arbeit und die Hindernisse, die jemand überwunden hat. Oft sehen wir nur die Ergebnisse. Das wird durch die sozialen Medien noch verstärkt. Wir sehen nur eine Momentaufnahme, ein stilisiertes Foto. Wir sehen aber nicht die Entbehrungen, die Schweißperlen, Nachtschichten und Tiefpunkte. Kurzum: Wer „nur" vom Talent spricht, tut der betreffenden Person Unrecht.

Gleichzeitig hilft uns diese Erkenntnis aus der Opferrolle und dem Mangeldasein herauszukommen. Denn Talent ist vielleicht ein Beginn einer Karriere oder eines besonderen Weges. Doch diejenigen Menschen, die herausragen, in welcher Form auch immer, sind Kreierer. Sie haben sich dieses Leben aus eigener Kraft erschaffen – mit Hingabe, Fokus und Entbehrungen.

Aus eigenem Antrieb heraus sind sie alle notwendigen Schritte gegangen, um dorthin zu gelangen, wo sie heute sind. Es ist eine Entscheidung für sich selbst loszugehen, für seine Träume, für seine Superkräfte, unabhängig von Talent oder Startbedingungen. Niemand bekommt sein Leben einfach so geschenkt. Das sollten wir anerkennen. Wir sollten in die Verbindung gehen mit erfolgreichen Menschen, die wir insgeheim bewundern und nicht in die Trennung.

Es kann alles verändern, wenn wir diese Perspektive einnehmen. Denn, wenn es Wesen mit menschlicher DNA gelungen ist, herausragende Dinge zu leisten, sich ihr Leben so zu gestalten, wie sie es sich erträumt haben, über sich hinauszuwachsen und nach den Sternen zu greifen, dann kannst du das auch!

Es geht nicht unbedingt darum, Superstar oder Olympionike zu werden – es sei denn, das ist genau, was du willst. Es geht vielmehr darum, dem inneren Feuer zu folgen und das zu tun, was dich erfüllt, mit Freude und Hingabe dieses einzigartige Leben zu leben. Wenn wir mit offenem Herzen im Fluss bleiben und das tun, wofür wir brennen, können wir alle unser volles Potenzial entfalten.

Wenn du das lebst, was du wirklich willst – das, was du aus tiefstem Herzen fühlst – dann gibt es nur eine Möglichkeit:

Du wirst dein ganz besonderes Talent entdecken, du wirst dich entfalten, du wirst Frieden spüren und du wirst unglaublich gut sein in dem, was du tust.

Es wird dir Energie geben, anstatt sie dir zu nehmen.

Diese Energie wird dich befeuern, immer weiterzugehen. Denn es ist dein tiefes Bedürfnis, genau das zu tun. Es ist somit völlig egal, ob du von Geburt an irgendein Talent definieren kannst oder ob du mit 70 anfängst, Neurowissenschaften zu studieren. Es geht darum, dass du glücklich bist und mit Freude deinen Weg gehst.

Natürlich wird es Widerstände und Hürden geben, aber es geht um die Grundenergie, die du dabei spürst. Wenn du das tust, was dir wirklich entspricht, etwas, das deine Augen zum Leuchten bringt, dann wirst du es nicht sofort hinschmeißen, wenn du Gegenwind bekommst. Dieser Gegenwind wird eine andere Wirkung haben als bei Dingen, die du aus Pflichtgefühl oder Erwartungsdruck tust.

Bei deiner Herzensangelegenheit wird er dich anspornen, zu wachsen und stärker zu werden, bis du ihn besiegst.

Wenn wir Dinge aus Motiven tun, die nicht unseren Werten und unserer wahren Überzeugung entsprechen, kehrt sich dieser Effekt um. Wir werden müde, lustlos und erschöpft.

Du brauchst deine Berufung und Bestimmung nicht zu kennen, um dich auf den Weg zu machen Deine Berufung wird sich aus dem formen, was du auf deiner Reise erfährst. Auf dem Weg wird sie dir beiläufig bewusst werden, wenn du sie nicht schon längst kennst. Es ist nicht wichtig, sie benennen zu können.

Du brauchst sie dir nicht als Zielfähnchen ans Ende deines Weges stecken und alle deine Teiletappen sorgfältig planen und vorher analysieren. Oft blockieren wir uns nur selbst dadurch, wenn wir alles zerdenken, bis wir den Wald vor lauter Bäumen nicht mehr sehen. Begib dich nicht ins Gedankenkarussell, sondern direkt in den Wald. Dann wirst du ihn nämlich auch erkennen und mit allen Sinnen spüren.

Sei du selbst und lebe! Sei verrückt und schräg und wunderbar.

Wenn es sich für dich richtig anfühlt, dann ist es das auch. Niemand muss deine Entscheidungen verstehen. Wenn du das tust, kannst du gar nicht anders, als deine Berufung zu finden und sie zu leben. Das, was du dadurch einbringst, ist deine Bestimmung. Du bist dazu bestimmt, das, was deinem Herzen auf natürliche Weise entspringt, in diese Welt zu tragen und sie dadurch zu einem schöneren Ort zu machen. Bitte enthalte uns, der Welt, dem Universum dein authentisches Sein nicht vor.

Du spürst, dass du auf deinem Weg bist, wenn auf einmal alles einen Sinn ergibt. Wenn dir plötzlich der Balanceakt gelingt und sich das ambivalente Leben im Einklang befindet. Dir gelingt es, loszulassen, zu vertrauen, doch gleichzeitig zielstrebig weiterzugehen. Du delegierst an das Universum und an dein Unterbewusstsein, gibst die Kontrolle aber nicht ab.

Dein Herzensanliegen hat auf natürliche Weise Priorität.

Du setzt die Grenzen dort, wo dich etwas oder jemand, in dem was dich erfüllt, beschneiden will. Du spürst auf einmal diesen unendlichen Frieden in dir. Die Sorgen und Ängste bekommen keinen zu großen Raum mehr, denn in dem Moment, in dem du das tust, was du liebst, existieren sie nicht mehr. Du blühst auf, sprühst vor Freude und nährst dich von deiner eigenen Energie.

Mitten auf deiner Reise, während du auf deinem Pfad in Bewegung bleibst, fühlst du dich angekommen.

Vision

"Your vision will become clear only when you look into your own heart. Who looks outside, dreams; who looks inside, awakes."

– Carl Jung

Du stehst auf dem Gipfel des Berges.

Mit dem Fernrohr in der Hand schaust du in die Ferne.

Es entfaltet sich eine prächtige Landschaft vor dir.

Du siehst Hügel und Täler, Bäche und Wasserfälle.

Du hörst Vögel zwitschern und riechst das frische Grün.

Du entdeckst ein Edelweiß. Es wächst direkt vor deinen Füßen. Es zeigt sich dir plötzlich und unmittelbar. Du wunderst dich, warum du es vorher übersehen hast. Vielleicht hast du deinen Fokus durch das Fernrohr auf die weite Welt gelenkt. Nun siehst du das Edelweiß in seiner vollen Pracht. Es ist rar, nicht viele bekommen eins zu sehen. Es erinnert dich an etwas. Als Kind hattest du einen Anstecker in Form dieser Blume. Du schwelgst nostalgisch in vergangenen Momenten.

Dein Herz ist voll. Du fühlst dich geborgen und froh. Deine kindliche Unbeschwertheit kehrt zurück. Du erinnerst dich.

Das Edelweiß hat dir geholfen, sie hervorzuholen.

Du erinnerst dich an das Gefühl, wie es war, Gedanken zu spinnen und Geschichten zu erfinden. Mit deinen Freunden hast du ganze Welten erkundet, Höhlen und Schlösser gebaut.

Es gab keinen Zweifel daran, dass sie existieren, dass sie echt sind. Denn du und deine Freunde, ihr habt in ihnen gelebt. Ihr habt Städte errichtet, Kämpfe für den Frieden ausgetragen und heldenhafte Taten vollbracht.

Ihr habt eure Ideen Wirklichkeit werden lassen. Eure Vorstellungen waren nicht zu groß. Sie waren grenzenlos und frei. Sie haben aus dem Kinderzimmer ein neues Universum entstehen lassen.

Eure Ideen waren der Anfang, der Urknall eurer selbst geschaffenen Welt.

Nun stehst du oben auf dem Berg und der Wind fegt dir um die Nase.

Einige Jahre sind vergangen, seit du das letzte Mal dein Kinderzimmer betreten hast. Doch das Gefühl, alles erschaffen zu können, hat dich wiedergefunden.

Du schaust in die Weite.

Du spürst sie, die Fähigkeit groß zu denken.

Du spürst sie, die Grenzenlosigkeit dieser Welt.

Sie ist in dir. Du machst dich wieder frei von allem, was dich klein werden lassen hat. Alles, was deine Welt eng macht, lässt du jetzt los.

Du genießt den Ausblick, lässt ihn auf dich wirken. Du atmest die kühle Bergluft ein. Sie füllt deine Lungen und durchströmt deinen Körper mit frischer Energie. Du fühlst dich schwerelos und gleichzeitig stehen deine Füße fest auf dem moosbedeckten Boden.

Plötzlich spürst du einen kräftigen Schlag.

Er kommt aus deiner Brust. Mit einem Mal bist du vollkommen wach, dein Geist ist hell und klar.

Der Moment ist gekommen.
Du hast sie empfangen, die klare Botschaft deines Herzens.

Du richtest dein Fernrohr erneut aus und schaust hindurch.

Du siehst es nun deutlicher als je zuvor. Dein Ziel, dein Schloss, deine ferne Südseeinsel.

Deine Vision ist geboren.
Du siehst sie klar vor Augen, holst sie mit dem Fernrohr ganz nah heran.

Dein Herz explodiert vor Freude.
Es schlägt schnell, doch du atmest tief.

Noch liegen unzählige Wegkreuzungen vor dir. Du kannst einige deiner Pfade von dem Gipfel des Berges erkennen. Wie du am Ende an deinem Ziel ankommen wirst, weißt du jedoch noch nicht. Aber das ist nicht wichtig. Denn du fühlst diese Klarheit. Egal wie viele Teilstrecken du gehen musst, wie viele Stolpersteine dir begegnen werden und wie oft du dich durch einen reißenden Fluss kämpfen wirst, du erkennst sie nun: deine Vision.

Oft wissen wir nicht, was wir wirklich wollen.

Oder wir wissen, was wir wollen, sind aber blockiert von Gedanken, alten Gewohnheiten, Mustern, überflüssigem Gepäck. Es kann auch sein, dass wir denken, zu viel zu verlangen, wenn wir versuchen, unseren größten Traum zu visualisieren.

Lasst uns einmal Klarheit schaffen: Bescheidenheit ist eine wunderbare Eigenschaft. Doch wenn es um unsere Träume und Visionen geht, sind wir dazu aufgefordert diesen Raum zu erweitern. Wir können bescheiden, hilfsbereit, mitfühlend sein UND gleichzeitig unser Leben in allen Bereichen im Überfluss gestalten.

Wir sind dynamisch, divers und multifacettiert, alles in einem vereint.

Jeder von uns ist dazu eingeladen, die beste Version von sich selbst zu werden, um die größten Träume – die, die uns am meisten beängstigen – wahr werden zu lassen. Wir müssen nur irgendwo beginnen.

Das Leben ist eine Inspiration.

Jeder Mensch hat eine Botschaft an uns und spiegelt uns in einem Anteil wider.

Alles, was wir sehen, fühlen, schmecken, riechen und hören, speisen wir in unseren Erfahrungsschatz ein. Jede Reise, jedes Erlebnis, jede Begegnung, die wir machen, speichern wir ab. Daraus generieren wir neue Ideen, kombinieren die Dinge, das Wissen auf unsere individuelle Art und Weise.

Wir wachsen an diesem Prozess, denn alles und jeder ist eine Reflexion von uns selbst. Manches geht stärker in Resonanz, manches weniger. Manches nährt uns, manches zehrt uns aus.

Sei Detektiv in eigener Sache.

Sei neugierig, sammle Hinweise und schau genau hin. Was wollen dir die Indizien sagen? In welche Richtung weisen sie dir den Weg?

Entscheide, wer du sein willst und was du verkörpern willst, denn du hast einen Einfluss, eine Wirkung auf dein Umfeld. Wahrscheinlich ist diese stärker, als du vielleicht denken magst. Du machst Wellen! Und das ununterbrochen, denn du bist ein energetisches Wesen, wie wir alle. Wir stehen ständig in Verbindung und beeinflussen uns gegenseitig. Überlege dir also, was du in diesen wunderbaren Kosmos einbringen möchtest.

Vermehre die Energie, die dich befeuert und gehe nicht mehr in die Energie, die dich leer und grau macht.

Sei bunt, authentisch und lebensfroh.

So kreierst du dir auch eine Realität, die ebenso bunt, authentisch und lebensfroh ist. Das wiederum macht unsere gemeinsame Welt bunt, authentisch und lebensfroh.

Du trägst Verantwortung.

Einerseits verdienst du es, deine Vision zu leben, dein Leben so zu gestalten, wie du es dir erträumst. Andererseits hast du eine Verantwortung für das Kollektiv. Wir erschaffen alle gemeinsam und sind untrennbar miteinander verbunden. Die Entfaltung deines Potenzials ist nicht egoistisch, sondern deine Lebensaufgabe. Erst wenn du aus deiner Entfaltung, aus deiner Fülle heraus handelst, schaffst du einen Mehrwert für uns alle.

Potenzial ist dabei klar von dem klassischen Leistungsbegriff abzugrenzen. Das Höchste, Beste, Tollste und immer mehr ist nicht gemeint. Dein volles Potenzial bedeutet, in deinem inneren Frieden zu sein, in deinem selbstdefinierten Glück, in deinem authentischen Strahlen und in deiner Fähigkeit bedingungslos zu lieben. Wenn du in dieser Kraft bist, so nahe bei dir selbst, dann lebst du erfüllt. Du bringst dein Leuchten und deine Liebe ein.

Du inspirierst mit deinem authentischen Sein, bist deine eigene Quelle. Deine kraftvolle Energie wirkt wie ein Magnet für mehr von dem. Sie zieht mehr Fülle, Glück und Freude an. Wenn das dein natürlicher Grundzustand wird, kannst du deine Welt und unseren Planeten Mutter Erde zu einem besseren Ort machen. Denn alles, was du aus diesem Zustand heraus tust, inspiriert, nährt und heilt. So schiebst du sie an, die Welle deines Lebens, die auch das Leben anderer besser und reicher macht.

Der erste Schritt, um deine Vision zu leben, ist sich erst einmal klar über sie zu werden.

Blockiere dich nicht selbst. Es mag schwierig erscheinen, sie zu finden. Deine Vision wird sich wahrscheinlich auch jeden Tag dynamisch weiterentwickeln, genau wie du selbst. Fange also klein an. Was ist der nächste Schritt? Was ist aktuell wichtig für dich?

Hilfreich sind kreative Techniken wie Journaling, das Erstellen einer Mindmap oder auch das Orientieren an inspirierenden Menschen. Was erschaffen diese Menschen? Wie leben diese Menschen? Was hat sie geprägt?

Nun geh einen Schritt weiter. Werde dir klar darüber, worin du gut bist. Welche Stärken hast du? Wie kannst du sie pflegen, weiterentwickeln, in deinen Alltag integrieren? Wie kannst du diese Stärken wachsen lassen? Worin blühst du auf? Was bringt deine Seele, dein Herz zum Leuchten? Dies ist ein sehr wichtiges Element für deine Vision und auch für deine Potenzialentfaltung.

Denn dort, wo du Flow findest, gewinnst du Energie.

Während du etwas erschaffst, das du liebst, mehrst du deine Kraft. Das ist der unendliche Reichtum, der dich erwartet, wenn du deinem Herzensweg folgst. Du erschöpfst dich nicht, sondern mit jedem Schritt, den du machst, potenziert sich deine Energie.

Ein weiterer wichtiger Antreiber, um deine Version umzusetzen, ist das Bewusstsein darüber, wo die Welt dich nicht schlafen lässt. An welcher Stelle möchtest du die Welt ein Stückchen besser machen? Wo möchtest du dich einbringen und einen Mehrwert schaffen?

Beantworte dir diese Fragen. Es ist ein Prozess. Er braucht Selbsterkenntnis und Zeit.

Träume groß! Deine Vision kann ALLES sein. Wenn du denkst, dass etwas nicht geht, fühle in dich hinein. Wo beschränkst du dich selbst in deinen Gedanken? Denke in alle Richtungen. Du darfst dich jederzeit neu erfinden. Du hast mehr als eine Stärke. Du hast ein ganzes Spektrum an Dingen, die du liebst. Wenn du sie nicht erkennen, sie nicht benennen kannst oder, wenn du sie vielleicht noch nicht entdeckt hast, dann mach dich auf den Weg. Sammle Erfahrungen, mache neue Dinge. Probiere dich aus. Neugierig, wie ein kleines Kind.

Deine Vision muss nicht vollständig sein. Du musst keinen perfekten Plan entwickeln. Es geht nicht darum, den Businessplan deines Lebens zu schreiben, um ihn dann mit der Bitte auf Genehmigung beim Amt einzureichen.

Es geht um dein einzigartiges Leben mit seinen bunten Facetten und unendlich vielen Dingen, die es zu entdecken gibt. Wie auf jeder Reise wird sich auch deine Vision auf dem Weg entfalten. Mach dich frei, lass los. Lege deine grobe Richtung fest und ziehe los in ferne Länder.

Die genauen Koordinaten kannst du mit jedem Schritt auf deinem Weg verfeinern.

Umso mehr du erlebst, desto besser lernst du dich selbst kennen. Doch du musst den ersten Schritt wagen und auch den zweiten und dritten.

Denn niemand bekommt sein Traumleben einfach so geschenkt. Es ist eine Entscheidung, die wir treffen müssen. Gehst du also los für deine Vision?

Wenn du einmal deine Entscheidung getroffen hast, wenn du dich FÜR das Leben, FÜR deinen Herzensweg und damit für DICH entschieden hast, kommt die Lawine ins Rollen. Du bist unaufhaltsam und energiegeladen. Dich erschöpft nichts, das aus deinem Herzen kommt. Das, worin du gut bist, nährt dich. Dein individueller Weg gibt dir Antrieb, keinen Gegenwind. Und die Hürden, die dir begegnen, wirst du als Herausforderungen wahrnehmen. Sie sind Einladungen zu wachsen, bis du mit Leichtigkeit über die scheinbar unüberwindbare Mauer springst.

Wenn du wirklich auf deinem Herzensweg bist, wirst du auf lange Sicht, alle inneren und äußeren Blockaden überwinden.

Lass dich von kleineren oder größeren Frustrationen nicht irritieren. Sie sind kleine Regenwolken, die vorüberziehen. Doch währenddessen strahlst du weiter. Manchmal können wir den Sonnenschein nicht sehen und fühlen, doch die Sonne geht nicht einfach weg. Genauso wenig verschwindet dein Feuer für deinen Weg, deine Lebenslust und der Wille für die Verwirklichung deine Träume einfach.

Behalte das große Ganze im Blick. Mache deine Erfolge sichtbar und mache dich an die Arbeit. Sei dein eigenes Empowerment.

Die Zeit ist jetzt.

Dein Moment ist gekommen.

Impulsfragen: Was bringt dein Herz zum Tanzen, deine Augen zum
Leuchten? Bei welchen Tätigkeiten gehst du voll auf? Was gibt dir
Energie? Was mindert deine Energie? An welcher Stelle kannst du
die Welt ein Stückchen besser machen? Was lässt dich nachts nicht
schlafen? Wofür willst du dich einsetzen?

Klarheit und authentische Entscheidungen

Ja oder nein.

Rot oder blau.

Links oder rechts.

Heiß oder kalt.

Still oder laut.

Apfel oder Birne.

Kaffee oder Tee.

Mallorca oder Kapstadt.

Jetzt oder irgendwann.

Leben oder Tiefschlaf.

Opfer oder Kreierer.

Gedanke oder Vision.

Traum oder Wirklichkeit.

Wir können unsere Vision nur Realität werden lassen, wenn wir Klarheit schaffen und gewisse Entscheidungen treffen.

Niemand hat behauptet, es sei leicht, all das umzusetzen, was wir uns vorstellen. Unsere Vision lässt uns hoch schwingen. Sie weckt Vorfreude. Sie lässt unsere Herzen höher schlagen und unsere Augen leuchten. Genau dieses Gefühl müssen wir kultivieren, um erfolgreich zu sein.

Wenn wir eine neue Wirklichkeit schaffen und Veränderungen in unserem Leben herbeiführen wollen, ist das immer mit Entbehrungen verbunden. Jede Transformation fordert ihren Tribut und ihre Hingabe. Die Entbehrungen sind scheinbare. Denn so fühlen sie sich in diesem Moment an, aber am Ende führen sie uns zum Ziel und erleichtern unser Gepäck, sobald wir loslassen.

Wenn wir unsere Vision leben wollen, müssen wir uns zunächst darüber im Klaren sein, was wir überhaupt wollen und was wir nicht wollen. Umso klarer wir in jedem Aspekt unserer Vision werden, desto schärfer wird das Bild dessen, was wir erschaffen wollen. Je präziser dieses Bild ist, desto mehr ziehen wir auch genau das an, was wir uns wünschen.

Mit der Klarheit fokussieren wir die Mitte einer Zielscheibe. Das Leben, das Universum oder wie auch immer du es nennen möchtest, wird dir somit genau das geben, was du dir wünschst. Ist die Sicht noch etwas verschwommen, können wir auch nur das empfangen, was einem der äußeren Ringe auf der Zielscheibe entspricht. Wenn wir überhaupt nicht wissen, was wir wollen, wird der Pfeil komplett an ihr vorbeigehen. Immer wieder rennen wir gefühlt gegen die Wand und fragen uns, warum wir nur so ein Pech haben. Aber es ist kein Pech oder Zufall. Es ist das, was wir aussenden.

Wir müssen also unsere Intention darauf ausrichten, in die Mitte zu treffen. Wenn wir beginnen uns echte Klarheit zu verschaffen, bemerken wir erst, wie unklar wir in vielen Vorstellungen sind oder waren.

Oft irren wir durchs Leben und arbeiten für die Träume anderer, weil wir uns unserer eigenen nicht bewusst sind.

Wir begegnen Dingen, die wir definitiv nicht wollen, und es scheint, als ob sie einfach so passieren. Doch das ist ein Irrglaube. Es ist die fehlende Klarheit. Die Manifestation der Unklarheit wird zur Realität. Das, was wir sind, empfangen wir. Das, was wir tolerieren, empfangen wir. Oft geschieht dies unbewusst.

Doch das Unterbewusstsein ist ein mächtiges Instrument mit großem Einfluss.

Nimm dir also die Zeit. Nimm dir die Zeit, dich hinzusetzen und darüber nachzudenken, was du wirklich willst. Schau genau hin. Denn es kann sein, dass dir etwas zu groß und unerreichbar erscheint und du es deshalb für dich ausschließt. Mache dir auch das klar. Wenn du auf den Mond fliegen willst, dann formuliere das ganz klar. Wenn du jetzt vielleicht lachst, dann frage dich doch mal, was genau dich zum Lachen bringt. Was limitiert dich in dem Glauben, dass gerade DU zum Mond reisen kannst?

Häufig sind wir uns unklar, weil unsere Wünsche und Träume durch einschränkende Gedanken im Unbewussten bleiben. Genau zu wissen, was man will, ist ein Prozess. Klarheit zu erlangen ist innere Arbeit. Aber sie ist so unglaublich wichtig. Investiere in sie, denn damit investierst du in dich. Du wirst unterwegs unendlich viel Energie sparen, wenn du deinen Weg erkennst.

Träume groß und fühle in dich hinein. Oft halten wir unsere Visionen bescheiden, weil wir sonst auf unsere Blockaden stoßen. So schützen wir uns unbewusst vor dem Blick auf unsere Baustellen. Sei ehrlich zu dir selbst und weiche nicht aus. Lass dich nicht von diesem rot-weiß gestreiften Absperrband aufhalten.

Wenn es dir schwerfällt, herauszufinden, was du wirklich willst, fange damit an, dir bewusst zu machen, was du nicht willst. Das, was wir nicht wollen, ist der Hebel. Denn er stellt den Kontrast dar. Wenn du nicht auf dieser Uferseite stehen möchtest, wünschst du dich offensichtlich auf die andere. Wenn dir die Landschaft auf der anderen Seite nicht gefällt, wirst du herausfinden, was dir gefällt und wo genau du deinen Platz findest. So kannst du dich Schritt für Schritt annähern.

Klarheit zu gewinnen ist eine Reise für sich. Gerade weil wir uns ständig verändern und in einer Dynamik mit allem und jedem um uns herum stehen, müssen wir diese Reise immer wieder antreten. Alles und jeder kann uns anstoßen, immer mehr Klarheit zu erlangen, denn das Leben ist eine einzige Inspiration und ein Spiegel.

Sobald wir uns klar darüber sind, was wir wollen und wie wir es wollen, richtet sich die Intention automatisch danach aus. Wenn wir Klarheit haben und formulieren können, was wir anstreben, programmieren wir unser Unterbewusstsein darauf. Wir werden auf natürliche Weise mehr und mehr das abstoßen, was uns nicht länger dient. Ebenso werden wir im Fluss und fast unbemerkt mehr von dem tun, was unsere Vision unterstützt.

Jedoch müssen wir dabei unsere Absicht durch Entscheidungen kontinuierlich aufrechterhalten und danach leben. Wenn wir auf einmal unsere Vision erkennen, bedeutet das auch Konsequenzen für das, was gerade in unserem Leben präsent ist. Wir werden feststellen, was oder wer uns in unserem Herzensweg unterstützt und was oder wer uns behindert.

Unserem Herzen zu folgen, erfordert also auch, mutige Entscheidungen zu treffen. Diese kann uns niemand abnehmen. Häufig wehren wir uns innerlich gegen bestimmte Konsequenzen. Wir spüren Widerstände, weil die Folgen unserer neuen Entscheidungen Veränderung und Ungewissheit bedeuten. Sei mutig und stelle dich dem! Sabotiere dich nicht selbst.

Ist eine Entscheidung einmal getroffen, die unserer Intention und Intuition folgt, entsteht Leichtigkeit, Zielstrebigkeit und Gewissheit. Was die Entscheidungsfindung oft erschwert, ist der Kampf zwischen Herz und Verstand. Doch wenn wir einmal unseren Weg angetreten haben, werden wir mit jedem Schritt unser Herz deutlicher hören. Wir werden auch immer besser unterscheiden können, in welchem Moment der Verstand richtig liegt und wann er uns auf maskierte Weise ein altes Muster präsentiert.

Unser Herzensweg ist so authentisch, wie wir selbst. Deshalb werden unsere Entscheidungen auch nicht für jeden nachvollziehbar sein und mitunter auf Widerstand und Unverständnis stoßen. Lass dich davon nicht aufhalten. Sei verrückt und schräg und wunderbar. Steh zu deinen Macken. Ecken und Kanten machen dich unverwechselbar. Niemand ist genauso wie du und du bist wie niemand sonst auf dieser Welt. Versuche nicht, dich in Normen und Erwartungen zu pressen. Hör auf, dem entsprechen zu wollen, was „normal" ist. Nimm Abstand von „das Leben ist halt so". Hinterfrage: Wer sagt denn das? Wer hat diese Standards festgelegt und wozu sollen diese dienen? Dient es dir und deiner Entfaltung?

Wenn nicht, weg damit! Schmeiß die Richtlinien und Vorstellungen, wie dein Leben auszusehen hat, über Bord. Löse dich von allem und begib dich ins Niemandsland. Dort erwartet dich eine weiße Leinwand. Beginne sie zu bemalen, mit dem, was auf natürliche Weise aus dir herausfließt.

Deine Lebensweise ist nicht in einer Normentabelle festgelegt.

Dein Leben ist nicht ein DIN-Leben, sondern DEIN Leben!

Es gibt es nur einmal – genau wie dich!

Fehler machen und Ängsten begegnen

Die Fehler, die du machen wirst, sind Samenkörner für dein Wachstum.

Die Angst vor dem Scheitern ist die Chance, das genaue Gegenteil zu erleben.

Was dich zurückhält, ist deine Einladung, gerade deshalb loszugehen.

Denn dein Wunsch, dein Wille und dein Herz sind stärker.

Du brauchst keinen Masterplan. Du fängst einfach an. Du erstickst deine Ideen nicht in Konzepten, Strukturen und Plänen.

Für den Anfang ist das, was du kannst und weißt – das, was du intuitiv umsetzt – mehr als genug.

Alles andere wird sich für dich auf dem Weg entfalten.

Worauf wartest du also noch?

Wage den Sprung ins kalte Wasser, denn es lohnt sich!

Auch wenn du dich bereits auf deinem Herzensweg befindest, wirst du immer und immer wieder herausgefordert. Das Gefühl, ins kalte Wasser zu springen, ist nicht nur der Startpunkt. Es ist dein ständiger Begleiter. Diese Herausforderungen werden dich auf deiner Reise immer wieder begleiten. Jedes Mal, wenn Ängste auftauchen, bist du dazu aufgefordert, Mut zu beweisen.

Erkenne diese Momente.

Vielleicht hörst du deine innere Stimme, die dir sagt, wie dumm es war, diesen Fehler zu machen, und dass es besser wäre, wieder auf deinen alten Weg zurückzukehren. Vielleicht sagt sie dir, dass du keine Energie mehr verschwenden sollst, weil alles neu, anstrengend, ungewiss ist und sowieso zu nichts führt.

STOPP!

Bremse diese Gedanken. Steig aus diesem Strom aus.

Du bist nicht deine Gedanken.

Zweifel und Ängste sind ganz normal. Wenn wir etwas Neues wagen, entstehen Ängste, weil wir unsere Komfortzone verlassen. Schau genau hin. Zeigen diese Ängste wirkliche reale Gefahren an? Oder entstehen diese Ängste aus dem Gefühl, etwas Neues zu wagen?

Oft spüren wir Ängste, wenn wir etwas nicht kennen. Unser Nervensystem muss sich erst einmal an neue Emotionen und Situationen gewöhnen. Wenn du noch nie Sicherheit gespürt hast in deinem Leben, kann sich diese zunächst wie eine Gefahr anfühlen. Wenn dein System keine Liebe kennt, werden auch hier Ängste und Stress aufkommen, wenn du sie plötzlich empfängst.

Kehre zu dir selbst zurück, zu deiner Ruhe. Reguliere dein Nervensystem. Tu dir etwas Gutes, damit du dich entspannen kannst. Begegne deinen Ängsten sanft und in kleinen Schritten. Zerlege sie in Ministufen. Gehe so langsam, wie du kannst und bis sich das Tempo für dich gut anfühlt. Es ist in Ordnung, wenn du dich ängstlich in dein Schneckenhaus zurückziehst. Aber erkenne auch wieder die große schöne Welt, die außerhalb deiner sicheren Höhle auf dich wartet. Sieh das Licht und strecke langsam wieder deine Fühler aus, wenn du bereit bist.

Gib nicht auf, sondern betrachte deine Ängste als Einladung, dich selbst besser kennen zu lernen und alte Programme umzuschreiben.

Das Gleiche gilt für vermeintliche Fehler. Vermeintlich deshalb, weil die sogenannten „Fehler" oft die größten und besten Lektionen sind, die wir bekommen können. Sei gut zu dir selbst und achte darauf, wie du mit dir sprichst, welche Gedanken dir kommen, wenn du dir wünschst, anders gehandelt zu haben.

Mach dir klar, dass du eine andere Version von dir warst, bevor du diesen „Fehler" gemacht hast. Das bist du jetzt nicht mehr. Ab jetzt kannst du dich anders entscheiden. Der „Fehler" hat dich verändert, er hat dich lernen und wachsen lassen.

Denn das Wort „Fehler" zeigt an, dass dir Informationen oder Erfahrungen gefehlt haben und nicht, dass du fehlerhaft bist.

Denn erinnere dich, du bist ganz und heil. Das ist dein Grundzustand.

Es kann allerdings vorkommen, dass wir unter Stress, Druck, Müdigkeit oder Überreizung ungünstige Entscheidungen treffen. Auch das ist wieder eine Einladung.

Reflektiere, wie du gefühlt hast, in welchem emotionalen und physischen Zustand du warst, als du die Entscheidung getroffen hast. Waren deine Grundbedürfnisse (Hunger, Durst, Erholung,...) erfüllt? Gehe der Dynamik deiner Entscheidungen auf den Grund. Erkenne die Stellschraube, die dahinter liegt und integriere diese Erkenntnis in dein neues Ich.

Vielleicht sagst du schnell „ja" zu etwas, das du gar nicht willst. Im ersten Moment fühlt es sich richtig an, du möchtest jemandem helfen und hast vielleicht unbewusst Angst, jemanden zu enttäuschen, wenn du „nein" sagst.

Oft sind wir dysreguliert, wenn wir Entscheidungen gegen unsere eigenen Überzeugungen treffen – Entscheidungen, die uns aus dem Einklang mit uns selbst bringen. Vielleicht identifizierst du für dich damit, dazu zu neigen, unter vielen äußeren Einflüssen ungesunde Entscheidungen für dich zu treffen. Überlege dir eine Strategie, wie du das nächste Mal damit umgehen kannst. Zum Beispiel kannst du versuchen, dir Zeit für die Entscheidung zu nehmen und deinen Gesprächspartner um etwas Bedenkzeit zu bitten.

Verschwende nicht deine kostbare Lebenszeit damit, dich für „Fehler" zu verurteilen, dich selbst zu bestrafen und dir damit selbst deine Energie zu rauben.

Diese Energie wird gebraucht! Du brauchst sie für deinen Herzensweg und die Welt braucht das, was du einbringen willst. Das, wofür du doch am Anfang losgegangen bist.

Tauche auf den Grund ab und finde die Wurzel. Mache aus dem „Fehler" eine Schatzsuche nach einem weiteren Puzzleteil deiner Selbsterkenntnis. Richte den Fokus auf das, was du lernen kannst und weg von den Mangelgedanken.

Es geht nicht darum, ob du Fehler machst. Denn die machen wir alle und können sie auch nicht kontrollieren oder vermeiden.

Es geht darum, was du aus ihnen machst und was du aus dieser Erfahrung für dich mitnimmst.

Altes loslassen

Hab keine Angst davor, loszulassen, was dir nicht länger dient. Lass es oder jemanden weiterziehen. Oft ist es die Vorstellung, eine Idee, an der wir festhalten, die uns vermeintlich schmerzt, wenn wir sie gehen lassen. Doch erst im Loslassen erschaffst du deinen Raum.

Im Loslassen entsteht neues Land für deine Visionen und Träume, die sich bereits in einer Umgebung entfalten wollten, in der sie keinen Platz hatten.

Löse dich von allem, was dich zurückhält und öffne dich für alles, was dich mit offenen Armen empfängt.

Hab keine Angst davor, abzuwarten und die Kontrolle abzugeben. Wenn du dieses Experiment des Innehaltens wagst, wirst du sehen, dass deine Sorgen unbegründet waren. Ruhe und Muße bringen Frieden. Es mag sich anfühlen wie Stillstand und Gefahr, wenn deine Vision sich nicht unmittelbar so entfaltet, wie du es dir vorstellst. Aber lass dich nicht täuschen.

Lass dich nicht täuschen von dem unbekannten Land, wenn du dein Leben lang hart kämpfen musstest, dich immer angestrengt hast und gerannt bist wie ein Weltmeister. Begegne der Ungeduld mit Neugier. Und ja, vielleicht spürst du sogar Langeweile. Lass dich fallen in diese neue Erfahrung. Du darfst dich entspannen.

Erinnere dich an das Samenkorn, das unter der Erde liegt und bereits in Bewegung gekommen ist. Das, was wir energetisch investiert haben, zeigt sich oft erst mit etwas Verzögerung in unserer physischen Welt.

Hab keine Angst davor, anzunehmen. Du verdienst es, zu empfangen. Alles, was dir jetzt begegnet, ist genau richtig für dein Wachstum. Genau richtig für dein Seelenheil. Genau richtig, um dankbar festzustellen, dass du bereits alles hast.

Du hast dich in deinem vollen Sein.

Du bist ganz und heil so wie du bist und schon immer warst.

Wenn es dir gelingt, dich vollkommen anzunehmen, deine Fülle und deine unperfekte Perfektheit anzuerkennen, bist du frei und unabhängig vom Außen.

Hab keine Angst davor, deinen wahren Wert zu erkennen.

Du bist wundervoll, ein strahlender Diamant, roh und geschliffen zugleich.

Oft haften wir aus Angst an etwas oder jemandem an. Wir wissen nicht, was danach kommt. Wir halten fest, weil wir Angst vor der Ungewissheit haben. Manchmal versuchen wir uns die Situation zurechtzubiegen. Wir suchen Vorteile, rechtfertigen unser Nicht-Loslassen vor uns selbst oder vor anderen. Wir analysieren, drehen die Dinge und Personen immer wieder um ihre eigene Achse und betrachten sie von allen Seiten und aus allen Blickwinkeln.

Wir schieben dabei unsere Entscheidung auf, in die Zukunft, auf unbestimmte Zeit. Wir verlängern unser Leiden, die Spannung im Hier und Jetzt. Dieselbe Spannung, die überhaupt erst dazu geführt hat, dass wir ins Grübeln gekommen sind.

Unsere eigenen Gedanken und Annahmen, gespeist aus vergangenen Erfahrungen, schaffen uns Blockaden.

Sie sind die einzige Hürde, die es beim Losgehen und Loslassen gibt. Wir dürfen uns also einmal anschauen, welche Gedanken uns hindern. Malen wir uns vielleicht ein Horrorszenario unserer Zukunft aus? Oft gehen wir unbewusst vom Schlimmsten aus, um uns mental auf alle Eventualitäten vorzubereiten. Das ist eine alte, dysfunktional gewordene Überlebensstrategie, die uns nicht mehr weiterhilft.

Wenn wir sowieso schon denken, warum dann nicht gleich positiv? Wir können nicht vorherbestimmen, wem wir begegnen, welche Erfahrungen wir in der Zukunft machen werden. Aber wir können entscheiden, wie wir damit umgehen.

Unsere Interpretation von Ereignissen und unsere Einstellung formen unsere Erfahrungen.

Wenn wir davon ausgehen, dass uns in der Ungewissheit Schlimmes erwartet, dass es anstrengend wird und wir dem, was auf uns zukommt, schutzlos ausgeliefert sind, dann machen wir genau diese Erfahrung.

Wir bestätigen uns immer wieder das, was wir bereits glauben.

Wir bestätigen uns unsere subjektive Realität mit selbst kreierten Erfahrungen.

Wir haben Filter entwickelt, durch die wir auf die Welt schauen.

Loslassen bedeutet auch immer, diese alten Filter abzulegen und sich auf etwas Neues einzulassen: auf neue Erlebnisse, einen neuen

Job, einen neuen Partner oder eine neue Reise. Wir legen diese Filter ab und schaffen damit eine Öffnung, um neue Erfahrungen zu machen. Im Loslassen haben wir jedes Mal die Chance, uns neu zu öffnen und die alten Programme, die wir gespeichert haben, zu überschreiben.

Was ist, wenn in der Ungewissheit etwas ganz Wundervolles wartet?

Oft interpretieren wir Situationen, Dinge, Personen oder Emotionen als gut oder schlecht. Wir stecken sie durch unbewusste Prozesse in eine Schublade und damit auch uns selbst. Denn wir schließen uns selbst in dieses limitierte Schubladendenken ein.

Wir sind also zunächst einmal aufgefordert, wieder aus dieser Schublade herauszutreten und mit offenen Augen die Erfahrungen zu betrachten, die wir gerade machen. Wir dürfen uns Zeit nehmen und aus der Ruhe heraus unser Herz öffnen. Das, was ist, auf uns wirken lassen.

Wir dürfen einen Schritt zurücktreten aus dem Wasserfall der Gedanken und Konstrukte, die auf uns einprasseln und unsere Bewertung prägen. Der erste Schritt besteht darin, sich auf die Metaebene zu begeben und unsere Gedanken zu beobachten. Denn dann können wir bewusst entscheiden, was wir wirklich glauben wollen und welche Gedanken uns dienen.

Du entscheidest, wie du deine Realität kreierst.

Du kannst aus unangenehmen Gefühlen dein eigenes Gefängnis erbauen und mit eisernen Gitterstäben verriegeln. So kannst du dich der Angst hingeben, dich davon überzeugen, dass sie mächtiger ist als du. ODER du kannst dich dafür entscheiden, die Angst anzunehmen und sie als eine Einladung sehen, mutig zu sein. Es ist deine Entscheidung. Du hast die Wahl. Mach dir das bewusst.

Mit deiner Wahl säst du die Samen, aus denen dein zukünftiger Garten erwächst.

Richte also deinen Fokus auf das, was du erschaffen willst. Löse Spannungen und nimm deine Hindernisse wahr. Akzeptiere sie, aber identifiziere dich nicht mit ihnen. Nimm an, was jetzt präsent ist. Überlege dir bewusst, was du daraus machen möchtest. Welche Blume soll es werden? Richte deinen Blick immer wieder nach vorne. Fokussiere dich auf das, was du erschaffen willst und komme so oft es geht in diese Energie zurück.

Sei dir auch bewusst, dass hinter der Tür, die du beim Loslassen schließt, kein Vakuum besteht. Du betrittst das Nichts, das Niemandsland – einen Raum mit frischer Luft.

Hinter dieser Tür hast du die Chance, dir selbst zu begegnen.

Du wirst deiner neuesten Version begegnen. Das, was du loslassen willst, dient dir nicht mehr. Das bist du nicht mehr.

Loslassen ist auch immer ein Abschied. Denn wir sagen „Adiós" zu einem Teil von uns selbst. Das kann ein schmerzhafter Moment sein. Wir heilen, indem wir durch den Schmerz hindurchgehen. Ja, wir bewegen uns auf etwas Neues zu, doch um wirklich loslassen zu können, wollen Gefühle gefühlt werden.

Umso mehr Zugang wir zu diesen bekommen, desto tieferliegende Dinge fühlen wir. Das bedeutet nicht, dass wir Öl ins Feuer gießen und alte Bilder in unserem Kopf in Dauerschleife laufen lassen sollen. Es ist vielmehr ein wunderbares Zeichen dafür, dass wir bewusster geworden sind. Wir können uns jetzt öffnen, weil wir bereit sind, die alte Wunde zu heilen, das Alte zu überwinden und damit endlich loszulassen. Das Bewusstsein ist der erste Schritt.

Den Mut aufzubringen, sich dem Schmerz zu stellen, ist der zweite. Sei stolz auf dich, wie weit du schon gekommen bist auf deinem ganz persönlichen Lebensweg. Auf alles, was du bereits gemeistert hast. Umarme diesen Prozess. Es ist kein leichter, aber du wärst nicht an diesem Punkt, wenn du nicht absolut fähig dazu wärst. Was sich jetzt zeigt, ist eine Einladung, noch mehr Ballast von deinen Schultern abzuwerfen.

Mit dem Loslassen entscheiden wir uns FÜR einen neuen Weg und es ist weniger eine Entscheidung GEGEN den alten. Denn dieser hatte seinen Sinn und Zweck. Er war eine Etappe auf unserer Lebensreise. Das dürfen wir anerkennen. Wir dürfen dankbar sein für die gemachten Erfahrungen und das, was wir aus den vergangenen Meilensteinen gelernt haben. Wir gehen also nicht in die Ablehnung oder den Widerstand. Vielmehr sind wir dazu eingeladen, Dankbarkeit zu üben und zu erkennen, dass wir an dem nächsten Streckenabschnitt angekommen sind.

Loslassen ist eine Wahl der Richtung an der Wegkreuzung.

Wir lassen etwas zurück und treten in etwas Neues ein.

Beides geschieht im selben Augenblick.

Loslassen geschieht in dem Moment, in dem wir unseren Blick nach vorne richten.

Es ist der Moment, in dem wir in die volle Annahme kommen.

Mut und Angst

Sei mutig, wenn es darum geht, für deine Lieben einzustehen.

Sei mutig, wenn du einen Traum hast, den du verwirklichen willst.

Sei mutig, wenn du alte Wunden heilen möchtest.

Sei mutig, wenn eine neue Herausforderung an deine Tür klopft.

Sei mutig, auch wenn du einen leichteren Weg wählen könntest.

Sei mutig, dich für den Mut zu entscheiden.

Sei mutig, für dich loszugehen.

Sei mutig, für deine Werte und Überzeugungen einzustehen.

Sei mutig, auch wenn es Reibungen und Widerstände gibt.

Sei mutig, die Welt neu zu entdecken.

Sei mutig, alles zu vergessen, was du bisher wusstest.

Sei mutig, dein Ego loszulassen.

Sei mutig, dich neu zu erfinden.

Sei mutig.

So unglaublich mutig.

Wir bewegen uns bei den Herausforderungen unseres Lebens immer auf einem Kontinuum von Mut und Angst. Hürden stellen uns immer wieder vor die Wahl. Sie fordern uns jedes Mal heraus, uns für den Mut und gegen die Angst zu entscheiden. Aber beides ist gleichzeitig da und darf es auch sein.

Wir können Mut erst spüren, wenn wir wissen, was Angst ist. Jede Angst wiederum ist die Aufforderung, Mut zu beweisen. Indem wir uns unseren Ängsten stellen, wachsen wir. Wir überwinden Barrieren, alte Wunden. Und vor allem gewinnen wir die Zuversicht darüber, das, was auf uns zukommt, bewältigen zu können. In der Psychologie nennt man das Selbstwirksamkeit bzw. Selbstwirksamkeitserwartung.

Diese können wir aus positiven Erfahrungen schöpfen. Die sogenannte Selbstwirksamkeitserfahrung macht uns mutiger. Denn wir können uns bestärkt daran erinnern, wann wir mutig waren und dass sich das Mutig-Sein ausgezahlt hat.

Mut und Angst sind also kein Entweder-Oder. Sie stehen nebeneinander, wie ein Paar Schuhe im Schrank. Bei jedem Loslaufen dürfen wir uns entscheiden, welches Paar wir anziehen und wie weit wir darin gehen wollen.

Es geht nicht darum, der Angst auszuweichen oder sie zu bekämpfen.

Vielmehr können wir im Einklang mit ihr leben und integriert unseren neuen Weg gehen.

Das Bewusstsein darüber, dass die Angst ein Begleiter ist, der da sein darf, kann Erleichterung bringen. Es braucht also wieder

Achtsamkeit und Akzeptanz, um die Brücke zwischen Mut und Angst zu bauen.

Wenn wir wachsen, können wir die Angstanteile kleiner und die Mutanteile größer werden lassen. Denn so nähren und verbinden wir unsere Erfahrungen mit diesen beiden Gefühlen.

Dort, wo Angst ist, wartet eine Herausforderung.

Dort, wo Angst ist, öffnet sich eine Tür, um zu wachsen.

Dort, wo Angst ist, ist auch immer Mut.

Mut lässt dich durch das Tor der Angst gehen.

Mut lässt dich erfahren, dass die Vorstellung von Angst die Angst bestimmt.

Mut lässt dich erkennen, dass Angst ein Gefühl ist, wie jedes andere auch.

Angst kommt und geht.

Mut kommt und geht.

Beide fließen wie Wellen durch uns hindurch und bilden den Strom unseres Wegabschnitts.

Mal schiebt uns die Angst an, mal der Mut.

Und oft geben sich beide Gefühle die Hand.

Sei mutig und lass die Angst vor der Angst los.

Wie so häufig sind es die Vorstellungen, Konzepte und unsere Programmierungen, die etwas größer, dramatischer und schmerzhafter machen, als es tatsächlich ist. Besonders mit Angst verbinden wir oft etwas Dunkles, Bedrückendes.

Dieses Gefühl ist gezeugt von der Idee, die wir von der Angst haben.

Wenn wir uns jedoch erneut diesem Gefühl öffnen, so wie wir uns auch der Freude hingeben und wirklich bewusst beobachten, können wir spüren, was in unserem Körper passiert.

Diese Reaktion, zum Beispiel ein Zittern oder ein flacher Atem, ist die Folge unserer Interpretation der Situation. Wenn wir es also schaffen, uns nicht vollständig mit der Angst zu identifizieren, sondern uns der Schritt zurück aus dem Wasserfall gelingt, können wir zum Beobachter der Angst werden. Genau das ist der Moment, in dem wir die Angst neu bewerten können. Es ist der Moment, in dem wir erfahren, dass die Angst sich weniger schlimm angefühlt hat, als wir es vorher erwartet haben. Das ist der Moment, in dem wir Selbstwirksamkeit erfahren.

Denn wir stellen fest, dass wir unseren Gefühlen nicht schutzlos ausgeliefert sind.

Nein, in diesem Moment haben wir unser Leben wieder selbst in der Hand. Das ist der Moment, in dem wir eine alte Programmierung überwinden und einen alten Anteil in uns heilen können. Auch ist es der Moment, in dem die Angst dem Mut das Zepter überreicht.

Sich der Angst zu stellen, erfordert Mut.

Sich der Angst zu stellen, macht uns mutig.

Indem wir den Mut aufbringen, schrumpft die Angst.

Es ist ein immer wiederkehrendes Spiel. Mut und Angst sind wie Tag und Nacht. Sie wechseln sich ab und existieren nicht ohneeinander.

Gehe deine Angst mit Leichtigkeit an. Sie ist das große Monster unter dem Bett, das verschwindet, wenn wir uns auf den Boden des Zimmers begeben und einmal genau hinschauen. Dieses Monster zeigt sich in allen möglichen Facetten, Situationen und Lebensbereichen. Das Monster, das kein Monster ist. Denn es ist freundlich. Dieses Monster kommuniziert die Bitte, es einmal wahrzunehmen und schon verschwindet es.

Angst will uns vor Gefahren schützen.

Sie ist eine wichtige Emotion. Jedoch sind viele unserer wahrgenommenen Gefahren mittlerweile irrational geworden. Sie sind nicht mehr aktuell und der Situation angemessen – im Überlebenssinne.

Natürlich ist jede wahrgenommene Angst valide und echt, jedoch ist die folgende Aktivierung oft dysfunktional. So gehen wir von einem riesigen Monster aus, das unter der Oberfläche lauert. Doch oftmals ist es eine alte Vernetzung, die einer neuen Verknüpfung bedarf. Dieser alte Pfad möchte mit Mut, innerem Frieden und Selbstwirksamkeit überschrieben werden.

Angst ist eine Chance.

Mut der Antrieb.

Und du sitzt am Steuerrad.

Mut ist eine Entscheidung.

Deine Zeit ist zu kostbar, um dich von der Angst aufhalten zu lassen.

Durchhalten

„Sometimes you have to play a long time to be able to play like
yourself."

– Miles Davis

Die Schwierigkeit, seine Vision zu verwirklichen, liegt oft darin,
weiterzumachen, immer wieder aufzustehen und egal, was passiert,
an sich und seine Träume zu glauben. Auch wenn niemand versteht,
was wir da eigentlich tun, in unserem Kämmerchen tüfteln oder
welche Experimente wir wagen. Manchmal ist es hart, das muss
man nicht beschönigen. Man fühlt sich einsam und fragt sich, ob
das alles noch einen Sinn hat. Vor allem, wenn die Resonanz auf
das, was man tut, zunächst ausbleibt. Frustration kann aufkommen,
Zweifel. Vielleicht werfen wir gedanklich schon alles über den
Haufen.

Aber halte inne. Verwehre dir nicht selbst den Moment des
Durchbruchs. Du hast bereits so hart gearbeitet, so viel Energie
investiert. Warum sollte es denn nicht großartig werden?

Wir scheitern erst, wenn wir aufgeben.

Damit wir nicht „einfach so" alles hinschmeißen, müssen wir uns
an den kleinen Erfolgen weiterhangeln. Außerdem müssen wir uns
klar darüber sein, was genau für uns ein Erfolg bedeutet. Ist es ein

Erfolg, wenn ich mit meinem Herzensprojekt jeden Tag einen Menschen zum Lächeln bringe? Ist es ein Erfolg, wenn ich jeden Monat 500 Euro oder 5000 Euro durch diese Arbeit auf meinem Konto habe? Bis zu welchem Zeitpunkt wünsche ich mir welches Ergebnis, um mein Schaffen als erfolgreich zu bezeichnen?

Oft haben wir das Gefühl, nicht voranzukommen oder sogar zu scheitern, weil wir unsere Ziele, Meilensteine und auch unsere Vorstellungen von Erfolg nicht genau definiert haben. Wenn alles irgendwie neblig ist, wandeln wir weiter im Dunkeln und hoffen, dass jemand den Lichtschalter für uns findet. Wir müssen also unsere Schritte sichtbar machen und Erfolg für uns selbst definieren – und für niemanden sonst auf der Welt.

Van Gogh hat zu seinen Lebzeiten nur ein einziges Bild verkauft. Das scheint heute unvorstellbar. Wäre Van Gogh nicht seiner Passion gefolgt, hätte er der Welt und sich selbst seine unzähligen und herausragenden Werke vorenthalten.

In unseren Zielvorstellungen dürfen wir von dem „um zu" wegkommen und die Schönheit des Weges entdecken. Es geht nicht darum, dass wir uns mit weniger zufrieden geben müssen, als wir uns erschaffen wollen.

Es geht um die Energie, mit der wir unser Ziel erreichen.

Es geht darum, welche Emotionen wir empfinden und welche wir nutzen können, um unsere Motivation aufrecht zu erhalten.

Dabei geht es nicht darum, mit dem Kopf in den Wolken stecken zu bleiben, sondern im augenblicklichen Moment das zu tun, was unserer Vision förderlich ist. Beim Durchhalten geht es somit darum, die Gedanken, Emotionen und Verhaltensweisen, die uns blockieren, zu transformieren und diejenigen, die uns Kraft und Mut geben, zu verstärken. Deshalb habe ich den Emotionen auch ein eigenes Kapitel gewidmet. Denn sie formen unser Erleben und unsere Bewegungsrichtung.

Während wir unsere Träume realisieren, haben wir natürlich weltliche und physische Grundbedürfnisse, die gedeckt werden wollen. Somit müssen wir eine Balance finden und vielleicht übergangsweise auch Kompromisse eingehen, um nicht an Existenzängsten zu verzweifeln. Wo dort bei dir die Grenzen liegen, wie viel Sicherheit und Komfort, welchen Lebensstandard du grundsätzlich brauchst, musst du für dich selbst herausfinden.

Wir müssen die Brücke bauen, zwischen Sicherheit und Komfortzone verlassen. Jeder ist anders, jeder empfindet anders und wird unterschiedlich motiviert. Du wirst nur durchhalten können, dich aus Motivationstiefs und Frustrationen herausarbeiten können, wenn du dich grundsätzlich wohl fühlst.

Wenn du dauerhaft in einem Überlebensmodus bist, ist das ungesund und kann zu chronischen Stressfolgen führen. Es geht darum, die Komfortzone mit einem grundsätzlich guten Gefühl zu verlassen. Richte dich also so ein, dass du ein gutes Auffangnetz spürst, auf dem du dich kurz ausruhen kannst, um dann wieder durchzustarten. Für den einen mag es eine Summe X an Geld auf dem Konto sein, für den anderen eine gesicherte Mahlzeit für den nächsten Tag.

An sich ist „Durchhalten" auch eher ein „immer wieder Aufstehen". Denn nichts ist monoton und gleichbleibend. Doch das verbinden wir häufig mit Durchhalten. Aber genau diese Assoziation führt zu einem Gefühl des Stillstands, der Stagnation, weil wir implizit denken, dass dieser Zustand nie aufhören wird, er für immer so bleibt.

Viel häufiger ist ein Gedanke des Aufgebens, einer Durststrecke mit Erschöpfung oder Frustration verbunden. Damit gehen oft Selbstzweifel, Sinnfragen und Mangelgedanken einher. Anstelle also das Handtuch zu schmeißen, dürfen wir einfach mal eine Pause machen und Abstand gewinnen.

Wir dürfen uns wieder Raum schaffen, wenn alles eng und klein erscheint.

Wenn wir durchatmen, entspannen wir uns. Unsere negativen Gedankenspiralen stoppen. Durch den Abstand gewinnen wir einen anderen Blickwinkel. Wir sind wieder mehr dazu in der Lage, das große Ganze zu sehen. Dadurch können wir auch wieder den Fokus auf das richten, was gut läuft, was positiv und erfolgreich ist.

Diese kleine Pause am Wegesrand ermöglicht es uns auch, unseren Kurs gegebenenfalls anzupassen.

So wie wir uns jederzeit neu erfinden können, können wir auch unsere Vision neu erfinden.

Das bedeutet nicht, dass wir wieder bei Null anfangen. Doch wenn ein kleiner neuer Farbtupfer unsere Augen wieder zum Leuchten bringt, können wir uns genau dadurch neu motivieren. Es kann auch sein, dass wir durch die Art und Weise, wie wir manche Dinge versuchen zu lösen, nicht weiterkommen. Somit müssen wir nicht die Idee an sich ändern, sondern einfach andere Werkzeuge suchen, unbekannte Wege ausprobieren und mutig neue

Experimente wagen. Denn erinnere dich: Du bist dynamisch, das Leben ist dynamisch und damit auch deine Vision.

Wir alle wachsen und verändern uns jeden Tag.

Du wächst mit deiner Vision und deine Vision wächst mit dir. Es ist wie in einer Partnerschaft, in der wir manchmal auf genau derselben Wellenlänge schwingen und uns dann aber phasenweise voneinander wegbewegen.

Es ist eine ständige Bewegung und Suche, die jeden Tag neue Begegnungen ermöglicht.

Bis du deine Vision bist und du sie untrennbar von dir verkörperst, bedarf es, wie Miles Davis es sagte, manchmal eine lange Zeit des Übens.

Auch Äußerungen anderer können uns stark verunsichern und zum Aufgeben verleiten. Denn in Aussagen sind Urteile und Bewertungen verpackt, die sich aus eigenen Sorgen und Ängsten speisen. Sie entspringen also den Bedürfnissen und Erfahrungen des Gegenübers. Sie sind eher ein Spiegelbild ihrer selbst, als dass sie etwas mit deinem Herzensprojekt oder deinem persönlichen Weg zu tun hätten. Was wir sagen und was andere uns sagen, ist ein Spiegel unserer eigenen Gedanken und Überzeugungen. Es ist eine Projektion. Lass dich also nicht verunsichern durch das, was andere denken und vielleicht kritisieren.

Dein Wert ist völlig unabhängig von den Worten oder dem Verhalten anderer.

Das, wofür du losgehst, ist vollständig losgelöst von den Urteilen oder Vorstellungen anderer.

Vielleicht machen dir einige Aussagen Angst oder wecken Zweifel in dir. Das bedeutet, dass diese mit einigen deiner eigenen Überzeugungen noch (!) resonieren.

Jemand kann dich nur in dem triggern, was noch nicht in dir geheilt ist.

Du wirst nur auf das anspringen, was bei dir noch ein wunder Punkt ist. Somit nimm dir die Zeit und schaue genau hin. Alles sind Impulse, Hinweise und Signale. Sie spiegeln dich. Sie spiegeln das, was du glaubst. Das, was du nicht glaubst, wird nicht in Resonanz gehen. Vielleicht hörst du es kurz, doch lässt es unbeachtet weiterziehen.

Wenn nun also jemand behauptet, deine Vision sei eine Schnapsidee, welcher Anteil in dir glaubt das auch?

Welche Unsicherheit ist das? Welche vergangene Erfahrung? Stimmt das wirklich?

Nein! Natürlich nicht. Nimm es also nicht persönlich. Sondern als Einladung, weiter zu wachsen, zu heilen, deine eigenen Hürden zu überwinden.

Oft sind es Wunden, die in uns angesprochen werden, die uns die Stellschrauben zeigen, um unsere Blockaden aus dem Weg zu räumen.

Es sind alte Wunden, Denkmuster und Verhaltensweisen, die unser Durchhalten zu sabotieren versuchen. Sei dir dessen bewusst. Lass sie nicht zu deiner Identität werden, sondern räume sie aus dem Weg.

Wir haben unzählige und auch sehr individuelle Gründe, die uns am Durchhalten hindern können. Hier sind ein paar Impulsfragen, damit du näher an die Wurzeln deiner Blockaden kommen kannst.

Was assoziierst du mit Durchhalten?

Wie definierst du Erfolg in deinem Projekt und auf dem Weg zum Erfolg?

Was ist für dich Scheitern?

Was löst in dir das Gefühl des Stillstands aus?

Während du auf etwas zusteuerst, das du dir so sehr wünschst, wovor läufst du gleichzeitig davon?

Was passiert, wenn du stehen bleibst?

Was siehst du, wenn du innehältst?

Im Stillstand lässt sich der Moment so wahrnehmen, wie er wirklich ist. Unverblümt und ehrlich.

Was genau macht dir in diesem Augenblick Angst?

Was würdest du deiner besten Freundin/ deinem besten Freund raten, wenn sie/er sich verloren fühlt? Welche Frage würdest du ihm/ihr stellen?

Was hat so viel Macht, dass du deine Vision und damit dich selbst in diesem Moment selbst aufgibst?

Was kannst du verstärken, damit du auf keinen Fall weitermachst?

Und dann tue anschließend das Gegenteil!

Wenn wir aufgeben wollen, aus welchen Gründen auch immer, sollten wir folgende drei Dinge tun:

1. Pause machen
2. Reflektieren
3. die Perspektive wechseln

Halte also an und atme einmal durch. Atme auch zwei- oder dreimal durch. Atme so oft durch wie du willst und so oft, wie du es brauchst. Wenn du einmal angehalten hast, kommst du mit jedem Atemzug wieder ins Spüren von dir selbst. Halte inne, mach eine Pause.

Während du innehältst, bemerkst du, dass auch der dunkle Tunnel, in dem du dich befindest, nicht länger wird. Auch er ist zum Stillstand gekommen. Ein magischer Moment. Es ist wie der Dunst über dem Meer nach einem wilden, gewaltigen Sturm. Du fühlst dich noch benommen. Dein Körper vibriert, deine Gedanken wirr. Vielleicht legen diese sich auch langsam. So wie es der Sturm getan hat. Und während du rastest, habe ich noch eine Frage an dich:

Hast du dich schon einmal gefragt, ob du vielleicht zu schnell für deine Umgebung läufst? Ist dein Inneres so schnell, dass dein Äußeres nicht mithalten kann? Konzentrierst du dich so sehr auf das Außen, dass dir etwas fehlt, was dein Innen längst geschaffen hat?

Erinnere dich an das Samenkorn, das du längst gepflanzt hast. Nimm dir einen Moment Zeit und lass diese Gedanken zu. Was passiert nun? Was kannst du beobachten? Ändert sich vielleicht deine Perspektive auf die Dinge?

Wenn wir den Standort wechseln, verändert sich der Blickwinkel. Wenn wir nämlich davon ausgehen, dass wir zu schnell rennen, dass wir vielleicht zu viel tun und dass wir all den gesäten Samen erst einmal Zeit zum Wachsen geben müssen, wird plötzlich die Sinnlosigkeit des Rennens deutlich.

Während der Samen unter der Erde liegt und zu keimen beginnt, können wir 539-mal zum Blumenbeet laufen, um zu schauen, ob bereits eine Blume daraus geworden ist. Wir können frustriert sein, weil noch nichts passiert ist. Wir können uns der Frustration hingeben, dass all das, was wir gegeben und getan haben, scheinbar umsonst war. Denn es ist offenbar nicht sichtbar. Wir können immer mehr Salz in die Wunde streuen.

Jedes Mal, wenn wir zum Blumenbeet rennen, können wir uns selbst beweisen, dass das, was wir getan haben, keinen Wert hat. Wir können uns dem so richtig hingeben und uns selbst fertig machen. Wir können uns dabei klein und nutzlos fühlen. Jeder Blick auf die Erde dokumentiert unsere Ohnmacht und unsere Hilflosigkeit.

ODER

Wir wechseln die Perspektive und die Empfindung. Wir sehen die Blumenerde und riechen ihren Duft. Wir wissen, dass wir alles getan haben, was wir in diesem Moment tun konnten.

In diesem Augenblick gibt es nichts, aber rein gar nichts, was wir tun können, um das Wachstum anzukurbeln. Wir können den natürlichen Lauf der Dinge nicht beschleunigen. Wir spüren keinen Antrieb, denn es gibt nichts anzutreiben. Wir dürfen warten. Dieses Warten kann frustrierend sein, denn es öffnet einen Raum für Dinge, die wir in der Bewegung nicht spüren. Die leise Stimme in uns, die wir nicht hören können, während uns der Wind um die Ohren peitscht.

Es ist unsere Sicht auf die Dinge und unsere Interpretation dessen, was wir wahrnehmen, die unsere Realität formt.

In den unbequemsten Momenten können wir am meisten lernen. Denn dann begegnen wir unseren alten Mustern und Programmierungen. Wir begegnen unseren Gedanken, die nicht mehr förderlich sind. Wir beginnen zu spüren, dass unsere Taten, Worte und Verhaltensweisen uns nicht mehr ans Ziel führen. Du fühlst dich am Boden, bist auf dem tiefen Meeresgrund angekommen?

Wunderbar! Genieße für einen Moment die Stille dort unten und das Nichts.

Du bist im Niemandsland und im Momentum des größten Potenzials.

Denn von hier aus geht es nur noch bergauf UND hier ist der Punkt, an dem du fühlst, dass es so nicht weitergeht. Du nimmst die Einbahnstraße mit allen Sinnen wahr. Deine Emotionen sind dein Kompass und weisen dir den Weg in eine andere Richtung.

Diese Dunkelheit ist der Ort, an dem du deine Transformation einleitest.

Du spürst die Tiefe, die Schwere.

Diese Erfahrung ist so wichtig und wertvoll, denn ohne Tiefe keine Höhe.

Ohne Dunkelheit kein Licht.

Der Meeresgrund ist deine Einladung dazu, kreativ zu werden, umzudenken, eine neue Perspektive einzunehmen und neue Gedanken und Verhaltensweisen zu initiieren.

Die Frage ist nicht, warum dir das passiert ist oder wozu das alles gut war, sondern:

Wie willst du wieder aufsteigen?

Welchen Schatz bringst du aus der Tiefe mit an die Oberfläche?

Wenn du einem Hindernis oder einer Durststrecke begegnest, ist es kein Zeichen dafür, dass du auf dem falschen Weg bist.

Es ist das Universum, das dich herausfordert und dich fragt: Wie sehr willst du es wirklich?

Der einzige Grund des Scheiterns ist deine Entscheidung aufzugeben. Dein Erfolg ist deine Definition. Bleib gelassen, vertraue dir und mach weiter! Identifiziere dich nicht mit deinen Zweifeln.

Erste Erfolge – Zeit zum Anker setzen

Die Sonne glitzert silbern auf der Wasseroberfläche.

Du erkennst jede Unebenheit, in der sie sich bricht.

Tausend leuchtende Funken tanzen dir entgegen.

Du spürst die salzige Meeresluft und blickst auf den weiten Horizont.

Es weht eine Briese. Der leichte Wind streichelt deine warme Haut.

Du bist mitten auf dem offenen Ozean.

Einige Meilen hast du bereits hinter dir gelassen. Das Ufer ist nicht mehr in Sicht.

Du atmest sie ein, deine neue Freiheit.

Die beängstigende Ungewissheit hat sich in ein Abenteuer verwandelt.

Zuversichtlich schaust du dich um.

Alle Himmelsrichtungen laden dich ein.

Doch du hast keine Eile.

Du lehnst dich zurück und wartest auf ein Zeichen.

Nur der Wind weiß, wohin er dich als nächstes tragen wird.

Hier bist du nun, mitten auf deinem Weg. Du kannst stolz auf dich sein. Du hast es geschafft, für dich loszugehen. Du bist mutig ins Ungewisse aufgebrochen und hast die ersten Hürden genommen. Du hältst einen Moment inne und machst dir bewusst, wie viele Meilen schon hinter dir liegen. Du fühlst dich stark und entschlossen. Es hat sich großartig angefühlt, als du endlich den ersten Schritt gewagt hast. Das Gefühl, deine ersten Herausforderungen gemeistert zu haben, erfüllt dich mit Stolz und Zuversicht.

Du merkst, dass auch das Bewusstmachen dieser Erfahrungen deine Reise bereichert. Das ist genauso wichtig, wie die einzelnen Schritte buchstäblich zu gehen. Dich dafür wertzuschätzen, ist ebenso ein Meilenstein, wie die Bewegung selbst. Du feierst deine Erfolge. Vielleicht rufst du sie dir als bunte Erinnerungen ins Gedächtnis und schreibst sie auf. Beim Schreiben realisierst du, dass du bereits vergessen hast, wie du dich vor einer Woche oder vor einem Tag gefühlt hast. Was du gedacht und gelebt hast.

Du blätterst zurück und stellst fest, dass dort schon mehr Leichtigkeit ist als vor ein paar Tagen. Trotz der Frustration und des Zweifels ist da dieses Gefühl des Fortschritts. Ohne den Kontrast hättest du ihn nicht bemerkt. Du schaust dir deine Fotos an, die Momentaufnahmen von jeder Etappe. Aufregung, Stolz und Mut pulsieren in deiner Brust. Ein leises Lächeln erscheint auf deinen Lippen, als du an dein ängstliches Ich zurückdenkst. Du willst es umarmen und ihm sagen, dass es sich nicht zu fürchten braucht. Denn nun bist du draußen auf dem offenen Ozean und es hat sich herausgestellt, dass es das schönste Abenteuer ist.

Manchmal zeigen sich die zurückgelegten Schritte nur in Nuancen. Aber es sind die kleinen Dinge, die einen großen

Unterschied machen. Du schaust genau hin und bemerkst, wo du fröhlicher geworden bist, selbstbewusster, ein Stück weiter in der Selbstliebe, mehr im Frieden, im Vertrauen. Du machst eine tägliche Übung daraus. Denn es macht dich glücklich, festzustellen, wer du heute bist. Du fühlst dich enthusiastisch, mutig, erleichtert, motiviert und im Einklang mit dir selbst. So fühlt es sich an, wenn du deinem Herzen folgst und deinen ganz persönlichen Weg gehst. Du machst dich mit diesem Gefühl vertraut. Je stärker es wird, desto leichter erkennst du, welches nicht dein Weg ist.

Auch wenn du Umwege gehst, hier und da deinem Kompass nicht folgst, falsch abbiegst, bleibst du im Vertrauen und in der Zuversicht. Diese Erfahrungen gehören genauso zu deiner Reise, wie die Hochgefühle der Erfolge. Du öffnest dich für das, was kommt, und nimmst das mit, was du daraus lernen kannst. Alles bringt dich dir selbst näher. Du atmest durch, sammelst deine Kräfte und ziehst weiter, sobald du spürst, dass der Moment gekommen ist.

Der innere Garten

Unsere Arbeit im Inneren ist eine Lebensaufgabe.

Sie ist somit ein Teil unserer Reise. Die Pflege des eigenen Innenlebens ist eine tägliche Aufgabe. Wie in einem Garten wächst und sprießt auch hier Unkraut, das wir regelmäßig aus der Erde, aus unserem fruchtbaren Grund für die eigene Entwicklung ziehen müssen.

Manch einem mag die geistige Arbeit, die Auseinandersetzung mit sich selbst, den eigenen Gedanken, Gefühlen, Ängsten und Blockaden anstrengend erscheinen.

Oft weichen wir aus, bis wir nicht mehr anders können, als hinzuschauen und hinzufühlen.

Das bedeutet meistens aber auch, dass der Leidensdruck bereits hoch ist. Dabei müssen wir nicht leiden! Wir können uns aktiv dafür entscheiden, unser Leben in Fülle und Freude zu leben, indem wir Liebe und Frieden in unserem inneren Garten kultivieren.

Dies zu nähren, erfordert wiederum innere Arbeit und Hingabe. Es ist also Huhn oder Ei. Und ja, es erfordert Achtsamkeit und den Mut, negative Muster zu durchbrechen, und die Bereitschaft, neue Samen für unsere Zukunft zu säen.

Wir kommen einfach nicht umhin, uns mit uns selbst zu beschäftigen. Und das ist gut so! Es ist ein wundervolles Geschenk. Wir können immer mehr zu uns selbst kommen auf der Lebensreise der Selbsterkenntnis. Letztendlich ist dein innerer Garten ein lebendiger Ausdruck deines Lebensweges. Wenn du ihm die Aufmerksamkeit schenkst, die er verdient, wirst du nicht nur deine eigene Lebensqualität bereichern, sondern auch das Leben der Menschen um dich herum. Also fange an. Betritt neugierig deinen inneren Garten und beginne, ihn nach deinen Vorstellungen zu gestalten.

Deine Möglichkeiten sind grenzenlos!

Mache deine innere Arbeit zu einer Abenteuerreise. Sie ist eine Einladung an dich, dein Leben aktiv zu gestalten und die Verantwortung für dein eigenes Glück zu übernehmen. Indem du dir bewusst machst, welche Gedanken und Überzeugungen du pflegen möchtest, kannst du deinen inneren Raum selbst erschaffen. Dieser Weg darf von Leichtigkeit begleitet werden und im Fluss geschehen. Wenn du allerdings davon überzeugt bist, dass diese Arbeit anstrengend ist, wirst du genau diese Erfahrung auch machen. Wenn du jedoch davon überzeugt bist, dass die Anstrengung eine Investition in dich ist und dass sie von Erleichterung, Frieden, Neugier und vielem mehr begleitet werden kann, wirst du eine ganz andere Erfahrung auf deinem Weg machen.

Entwickele Freude daran, wenn du einen weiteren Ziegelstein aus deinem Rucksack werfen kannst. Zelebriere es, wenn du einen weiteren Schlüssel zu einer Tür in deinem Inneren gefunden hast. Erschaffe dir Routinen, um fließen zu können. Tue jeden Tag etwas, das dich dabei unterstützt, diese Arbeit ohne Widerstand zu tun. Gestalte dir diese Aufgabe leicht. Setze dir keine Ziele oder hohe

Erwartungen, sondern zerlege sie dir in kleine Teilstrecken. Wenn du eine Hürde spürst, mache sie so klein, dass du sie leicht überwinden kannst. Wir haben jeden Tag ein anderes Maß an Energie. Nimm dir also nicht zu viel vor und schau unvoreingenommen, was dir jeder neue Tag bringt. Sei offen für das, was sich entfalten will.

Manchmal können wir Bäume ausreißen. An anderen Tagen fällt es uns schon schwer, einen einzelnen Grashalm mit der Nagelschere zu kürzen.

Wir sind zyklische und dynamische Wesen.

Wir sind jeden Tag anders.

Lerne dich jeden Tag neu kennen und nimm dich mit.

Vielleicht meditierst du an einem Tag zwei Stunden, an einem anderen bastelst du dir motiviert ein Visionboard. An wieder einem anderen verspürst du keinen Antrieb für nichts.

Erinnere dich: Auch ein Kaffee in der Sonne kann für dich ein Moment der Selbstfürsorge und damit Teil deiner inneren Arbeit sein. Sei gut zu dir!

Du lebst nicht an einem einzelnen Tag dein ganzes Leben.

Aber du erschaffst dir jeden Tag einen Teil des Gesamtbildes.

Ein kleiner goldener Farbtupfer ist genauso wertvoll wie eine große Blumenwiese, die du am Vortag gemalt hast.

Du bist nicht deine Gedanken

Glaube nicht alles, was du denkst. Das bist du nicht!

Wir alle kennen das: Manchmal identifizieren wir uns zu sehr mit negativen oder selbstkritischen Gedanken. Das kann dazu führen, dass wir uns ängstlich, traurig oder wütend fühlen. Wenn wir dann anfangen, über diese negativen Gedanken nachzudenken, kann das die emotionale Belastung noch verstärken. Wir sind in unserem selbstgeschaffenen Gefängnis gefangen und sabotieren uns selbst. Die innere Stimme sagt: „Ich kann das nicht", und wir hören auf. Entmutigt, ohne Antrieb. Deine Zuversicht, die eben noch da war, die dir doch so klar und deutlich deinen Weg gezeigt hat, ist wie weggeblasen.

Versuche in diesem Moment auszusteigen. Gehe nicht in die Emotion hinein, die mit dem Gedanken verbunden ist. Sondern finde ein Etikett für diesen Gedanken und trete mental einen großen Schritt zurück. Wenn der „Shit Chat" in deinem Kopf beginnt, gebe der Stimme, die da zu dir spricht, einen Namen. Umso skurriler dieser ist, desto leichter wird es dir fallen, in diesem Moment dein Lächeln wiederzufinden. Du kannst dir innerlich sagen: „Undine, ich habe deine Bedenken gehört und jetzt hast du Sendepause." Oder: „Joachim, es ist ja wirklich interessant, was du zu sagen hast. Aber ich bin da anderer Meinung."

Indem wir lernen, unsere Gedanken zu beobachten, ohne uns mit ihnen zu identifizieren, können wir mehr Klarheit über unsere inneren Prozesse gewinnen.

Wenn wir uns weniger mit unseren Gedanken identifizieren, können wir wieder flexibler und widerstandsfähiger auf Herausforderungen reagieren.

Wir können lernen, unsere Gedanken als das zu betrachten, was sie sind – vorübergehende mentale Ereignisse – und nicht als absolute Wahrheiten.

Beobachte diesen Gedanken, wie eine vorbeiziehende Wolke oder ein Naturspektakel. Und wenn du so weit bist, dass du nicht mehr eins mit deinem Gedanken bist, frage dich doch einfach einmal: „Ist das wirklich so?". Stelle Gegenfragen. Geh der Sache auf den Grund. Gibt es wirklich Argumente dafür, dass du etwas nicht kannst?

Wenn es ein hartnäckiger oder immer wiederkehrender Gedanke ist, schnapp dir einen Stift und schreibe deine Gedanken und Fragen dazu auf ein Blatt Papier. Zerlege das, was dich nicht loslässt, was Gedankenkreise bildet und dich blockiert. Benutze nun deinen analytischen Verstand und überprüfe immer wieder, ob es wirklich deine Wahrheit ist, die du dir erzählst.

In vielen Momenten bauen wir unsere eigenen Hindernisse. Wenn es uns gelingt, die Glaubenssätze zu identifizieren, die uns behindern, können wir sie auch transformieren. Zum Beispiel können wir dem Glaubenssatz „Ich kann das nicht" wie folgt begegnen:

Zunächst einmal ist dieser Glaubenssatz überhaupt nicht spezifisch. Was ist denn „das"? Was genau ist damit gemeint?

Es ist in dem Fall wichtig, tief zu graben und die wirkliche Ursache, die dahinterstehende Überzeugung, herauszufinden, damit du deine Stellschraube findest. Es geht nicht darum, sich in Erklärungen, Gründen oder Overthinking zu verlieren, sondern darum den Kern des Gedankenkonstrukts herauszufinden. Denn wenn du diesen Knackpunkt gefunden hast, kannst du daraus direkt mehrere Handlungsoptionen ableiten und dein Problem lösen. Der Glaubenssatz „Ich kann das nicht" kann zum Beispiel bedeuten:

1) „Ich kann nicht jeden Tag gleich viel leisten."
2) Mir fehlt das Wissen über x,y,z, um meine Idee voranzutreiben.
3) Ich kann meinen Weg nicht allein gehen.

Die Erkenntnis, nicht jeden Tag gleich viel Energie zu haben, führt dich zur Antwort der Akzeptanz. Sie leitet dich dazu an, an Tagen, an denen du die Ressourcen hast, Gas zu geben und an anderen Tagen, kleine, leichte Dinge zu tun.

Die zweite Interpretationsmöglichkeit führt dich direkt zur Problemlösung und gleichzeitig zu deiner Weiterentwicklung. Du traust dir etwas einfach nicht zu, weil dir Informationen fehlen. Somit recherchiere, eigne dir das fehlende Wissen an. Dein Selbstbewusstsein steigt mit jeder Zeile, die du liest und der Glaubenssatz wird immer blasser.

Bei der dritten Möglichkeit, den ursprünglichen Glaubenssatz zu interpretieren, solltest du der Sache auf den Grund gehen, denn wahrscheinlich gibt es noch einen anderen. Was ist der Grund dafür, dass du glaubst, es nicht allein zu schaffen?

Es gibt viele mögliche Antworten. Vielleicht ist die tatsächliche Arbeitsbelastung zu hoch für nur eine einzige Person. Vielleicht steckt dahinter aber auch eine weitere Limitierung. Hast du vielleicht Angst davor allein zu sein? Wann hast du dich allein gelassen gefühlt? Das kann dazu führen, dass du dich unbewusst von anderen abhängig machst und glaubst, nicht völlig frei zu sein. Das sind nur Beispiele. Deine persönlichen Überzeugungen können ganz anders aussehen.

Um deine Beweggründe und versteckten Bedürfnisse dahinter zu ergründen, stelle dir mehr „Was", „Wie", „Welche", „Welcher Anteil in mir" und weniger „Warum" Fragen.

Denn das „Warum" kann zu einer Endlosschleife führen, die wenig förderliche Antworten und oft sogar negative Erinnerungen aktivieren können. Frage dich also: Welcher Anteil von dir möchte x, y, z erreichen? Was ist die Motivation dafür? Was lässt dich glauben, dass du x, y, z erreichen musst? Ist es das, was du wirklich willst? Oder ist dein Ziel, ein „um zu"? (also eine Erfüllung aus dem Außen zu bekommen).

Neben den dysfunktionalen Glaubenssätzen gibt es auch das Phänomen, dass wir oft nicht zu Ende denken und uns so durch unsere Gedanken blockieren. Wir entwerfen ein Szenario in unserem Kopf und drehen uns immer wieder im Kreis. „Wenn ich diese Aufgabe jetzt nicht erledige, wird mein Chef mich feuern." Das ist eine klassische Katastrophisierung, die wir wahrscheinlich alle machen, zumindest unbewusst. Und dann drehen wir eine Runde nach der anderen auf diesem Karussell und versinken tief in der Angst, in dem Verlust und all den Mangelgefühlen, die auftauchen. Mit jeder Runde verstärken wir sie und es wird schwieriger, aus dem sich immer schneller drehenden Karussell auszusteigen. Doch stoppe, halte mal kurz an. Frage dich:

1. Ist das wirklich so? Wird mein Chef mich wegen einer Kleinigkeit feuern?
2. Welche Alternative gibt es? Kann ich vielleicht mit meinem Chef kommunizieren, warum diese Aufgabe gerade für mich nicht machbar ist? Habe ich Kolleginnen und Kollegen, die mich unterstützen können?
3. Wenn mein Chef mich wirklich wegen dieser Sache feuert, will ich dann überhaupt noch für ihn arbeiten?
4. Wenn ich diesen Job verliere, bin ich dann tatsächlich sofort obdachlos und werde nie wieder Arbeit finden? Ist das das Ende der Welt oder eröffnen sich dann vielleicht tausend andere Möglichkeiten?
5. ...

Das Prinzip ist klar. Wenn wir das, was wir in unseren Gedanken kreieren, in Einzelteile zerlegen und zu Ende denken, kommen wir zunächst aus dem Karussell heraus. Anschließend können wir erkennen, welche Aspekte davon vielleicht wirklich Konsequenzen mit sich tragen und wie viel wir davon projizieren, damit unser Horrorfilm auch weiterhin spannend bleibt.

Wir bringen uns häufig in einen bestimmten Gefühlszustand oder erhalten ihn aufrecht, weil er uns bekannt ist.

Wenn wir auf ein bestimmtes Ereignis immer gestresst reagieren, programmieren wir diesen Automatismus immer tiefer in unser

Nervensystem ein. Wir können nach einer gewissen Zeit die Uhr danach stellen, wann wir anspringen werden. Aber wenn der Stressor ausbleibt, schaffen wir ihn uns selbst, indem wir zum Beispiel unsere E-Mails checken, Nachrichten lesen oder nervös immer wieder WhatsApp öffnen.

Das bist du nicht und du bist auch nicht deine Gedanken!

Brich aus den alten Mustern und der damit verbundenen Gefühlsabhängigkeit aus!

Verlasse die Fremdbestimmung dieser Zeitstelluhr.

Geh durch den schwierigen Moment, einem Impuls zu widerstehen. Denn so kannst du alte Programmierungen umschreiben. Glaube nicht dem Gedankenblitz, der dir befiehlt, JETZT aufzuspringen und JETZT deine Nachrichten zu überprüfen. Bleib sitzen. Ja, am Anfang ist es schwer, weil dein Körper schon aktiviert ist.

Doch du bist stärker als deine Gedanken. Denn du entscheidest, was du denken und fühlen willst. Du bestimmst, welchen Handlungsimpulsen du folgen willst. Finde zu dir selbst zurück und übernimm immer wieder das Steuer. Umso besser dir das gelingt, desto weniger „schlechte" Tage wirst du haben. Denn du bist nun Regisseur der kniffligen Momente und lässt den Autopiloten keinen einzigen Tag mehr gegen die Wand fahren. Du bist wieder Kreierer deines Lebens geworden und erschaffst dir ein buntes Blumenfeld in deinem inneren Garten.

Negatives, Energievampire und Grenzsprenger raus

Solange wir viel Negatives in unserem Leben tolerieren, können wir noch so sehr unseren Fokus auf das Schöne lenken, doch die Energiebalance stimmt am Ende nicht. Deshalb ist hier Achtsamkeit gefragt. Wir dürfen uns immer mal wieder fragen, was und wer uns in unserem Leben wirklich dient. Immer mal wieder, denn das Leben ist dynamisch und damit auch die Menschen, die in unser Leben treten.

Das betrifft alle Lebensbereiche. Freundschaften, Partnerschaften, aber auch den Beruf und unsere Freizeit. „Nein" zu Negativem zu sagen, bedeutet auch, sich von Dingen und vielleicht auch Menschen zu trennen, die uns nicht guttun. Das kann schwerfallen. Aber erinnern wir uns noch einmal an das Prinzip des Loslassens:

Jedes Mal, wenn wir etwas oder jemanden loslassen, schaffen wir Raum für Neues.

Wir machen uns frei, kommen damit in eine neue Frequenz und ziehen dasjenige an, was auf unserer neuen Wellenlänge schwingt. Wenn wir wirklich ehrlich zu uns selbst sein wollen, unseren authentischen Weg gehen und unsere Energie für Nährendes einsetzen möchten, müssen wir uns frei machen von Zeiträubern, Energievampiren und Menschen, die unsere Grenzen nicht respektieren. Denn all das entzieht uns Kraft. Wenn wir uns mit

Menschen umgeben, die uns nicht guttun, sinkt unsere Frequenz. Wir passen uns an und leben weit entfernt von unseren Möglichkeiten, von unserem wahren Selbst und damit von unserer natürlichen Potenzialentfaltung.

Damit sind keinesfalls Menschen gemeint, die einen schlechten Tag, eine schlechte Phase oder ein schlechtes Jahr haben. Es geht auch nicht um schwierige Gefühle, die wir haben können. Es geht darum, genau hinzuschauen und eine Wahl zu treffen.

Denn wir haben immer eine Wahl.

Wir sind unseren Gegebenheiten nicht einfach so ausgeliefert.

Es mag sein, dass wir in der Vergangenheit an einer Weggabelung eine Abzweigung genommen haben, die wir heute nicht mehr wählen würden, und dass wir immer noch damit beschäftigt sind, unseren Kurs zu korrigieren. Aber jeden Tag können wir uns neu entscheiden. Das gilt für alles im Leben. Unsere Zeit ist kostbar, unser Leben ist endlich. Jeder Mensch trägt einzig und allein die volle Verantwortung für sein eigenes Leben, seine Entscheidungen und die Investition seiner Zeit.

Dazu ein paar Impulse. Frage dich doch mal: Was kostet dich Energie, ohne dass du es willst? Was ist der Beweggrund dafür, diesen Zustand aufrecht zu erhalten? Welche Funktion hat das Aufrechterhalten? Zu was oder wem kannst du heute aktiv „Ja" sagen? Wo liegen heute deine Grenzen?

Nicht „Nein" zu sagen, ist auch eine Zustimmung zu dem, was ist.

Wenn wir beginnen, uns zu verändern und uns zu entfalten, hat das auch immer eine Wirkung nach außen. Wir können sehr unterschiedliche Erfahrungen damit machen. Manche Menschen bestärken uns bedingungslos auf unserem neuen Weg. Von anderen bekommen wir Gegenwind. Denn auch für unsere Mitmenschen kann es ungewohnt sein, wenn alte Verhaltensmuster und damit Erwartungen an uns plötzlich nicht mehr funktionieren. Es kann sich zunächst wackelig und unsicher anfühlen, neue Grenzen zu setzen. Oft stellen wir uns in solchen Momenten selbst in Frage. Wir zweifeln an uns und fragen uns, ob wir uns falsch verhalten.

Wenn dein Verhalten im Einklang mit deinen Werten steht, bleibe stark und stehe zu deinen neuen Grenzen.

Wenn uns manche Menschen auf einmal nicht mehr energetisch anzapfen können, wenn wir nicht mehr dauerhaft für ihre eigene emotionale Regulation zur Verfügung stehen, werden diese sogenannten Energievampire mit aller Kraft versuchen, die neuen Mauern einzureißen. Sie werden mit allen Mitteln versuchen, weiterhin an ihre Energietankstelle des Vertrauens zu gelangen. Dies geschieht oft völlig unbewusst.

Man kann niemandem unterstellen, dass er dies mit Kalkül tut. Es liegt nur an jedem einzelnen von uns, diesen Energievampiren nicht länger unsere kostbarsten Güter, Energie und Zeit, zur Verfügung zu stellen. Auch empfindet jeder anders. Jeder einzelne hat ein anderes Energiekontingent und eine andere Tagesform. Deshalb sind wir alle für unseren Energiehaushalt selbst verantwortlich. Dir kann niemand sagen, wer dir guttut oder nicht. Natürlich können uns Freunde, Therapeuten oder Berater so manches Mal die Augen öffnen. Aber die finale Entscheidung darüber, triffst du selbst. Damit geht einher, dass du die volle Verantwortung für deine Ressourcen und Bedürfnisse übernimmst. Dies wird dir niemand abnehmen, weil es dir niemand abnehmen kann.

Du kennst dich selbst am besten.

Du bist der Regisseur deines Lebens.

Wie bereits erwähnt, ist ein Veränderungsprozess und damit auch unsere Selbstverwirklichung mit neuen Grenzen verbunden. Sobald wir uns transformieren und Altes heilen, sind wir eine neue Version von uns selbst. Damit verschieben sich auch unsere Grenzen, denn oft gelingt es uns durch Heilung, (Selbst-)Erkenntnis und einen Richtungswechsel mehr im Einklang mit uns selbst zu handeln. Wenn wir also unsere Selbstliebe stärken, ziehen wir einige Grenzen enger und andere weiter. Auch das kann zu Irritationen bei unseren Mitmenschen führen.

Halte deine Grenzen ein, behüte sie. Lass es nicht zu, dass irgendjemand diese sprengt. Du hast sie dir mühsam erarbeitet. Es hat dich wahrscheinlich einiges an Überwindung gekostet, sie neu zu formulieren. Du hast dich mutig deinen Ängsten gestellt, als du deine Grenzen kommuniziert hast. Lass dir diese wertvolle Arbeit, für die du dir unglaublich dankbar sein kannst, von niemandem kaputt machen. Sicher werden die meisten deiner Mitmenschen eine deiner Grenzen berühren, ohne sich dessen bewusst zu sein. Vor allem, wenn diese neu und ungewohnt sind, kann das schon einmal passieren.

Doch schau auch hier genau hin. Wer akzeptiert deine Grenzen? Wer respektiert deinen Weg, deinen inneren Frieden und deine Energieressourcen?

Du entscheidest.

Du erbaust deine eigene Festung.

Dein eigenes Reich.

Und du lädst nur diejenigen ein, die von ganzem Herzen willkommen sind.

Frustration und Tiefpunkte

Veränderung ist aufregend, schön und mit viel Vorfreude verbunden – auf das neue Lebensgefühl, das neue Ich, auf neue Begegnungen und Erfahrungen. Veränderung bedeutet aber auch Abschied nehmen. Wir müssen Altes loslassen, um Platz für Neues zu schaffen.

Veränderung fordert dazu auf, uns im Loslassen zu üben, die Trauer über Vergangenes und Abgeschlossenes anzunehmen und sie dann vorbeiziehen zu lassen.

Veränderung führt uns aus unserer Komfortzone heraus in ein unbekanntes Terrain. Sie fordert dazu auf, uns neu zu erfinden, zu sortieren und einen inneren Frühjahrsputz zu machen. Sie stellt uns vor neue Herausforderungen. Auch kann sie anstrengend sein.

Veränderung kostet viel Kraft und Ressourcen. Manchmal erscheint alles, wie ein großes Durcheinander. Wir schwimmen, wissen nicht, wo oben und unten ist.

Doch dann kommt dieser eine magische Moment, in dem sie einfach da ist – so selbstverständlich und natürlich wie der Wechsel der Jahreszeiten.

Manchmal versinken wir im Chaos.

Wir wissen nicht mehr, wo uns der Kopf steht, haben die Orientierung verloren und sind verwirrt. Es kann frustrierend und ernüchternd sein, wenn wir all unsere Energie in unsere neue Idee, in ein neues Projekt, in unseren neuen Weg gesteckt haben und das Resultat – das, was wir scheinbar für all unsere Mühen zurückbekommen – sind Hürden, Probleme und noch mehr Baustellen. Wir blicken nicht mehr durch, wissen nicht wo wir beginnen oder in welche Richtung wir uns weiterbewegen sollen. Wir fühlen uns verloren und spüren Zweifel.

Chaos zeigt Neuorientierung an.

Zunächst müssen wir alles offenlegen – alle Puzzleteile auf den Tisch legen, um sie später zusammensetzen zu können. Wir sehen 1000 Formen und Farben, die alle scheinbar nicht zusammenpassen. Bleib dran, geh weiter durch die Unordnung. Lass dich nicht aufhalten.

Es ist nicht das erste Puzzle, das du in deinem Leben bereits gelöst hast.

Aber du hast Recht, niemand sagt dir, was du tun sollst, wenn du nicht mehr kannst. Wenn man müde ist und den Weg nicht mehr sieht. Wenn man glaubt, so kurz vor dem Durchbruch zu stehen, und dann taucht immer wieder ein neues Hindernis auf. Ein weiterer Ziegelstein auf der Mauer, über den man klettern muss. Und wenn man schon fast oben ist, setzt jemand noch einen Meter drauf. Du hast doch schon so viel gegeben und gekämpft. Du fragst dich, wann du endlich die Ernte für all die harte Arbeit und Geduld einfahren kannst.

Frustration macht sich breit, denn du spürst, wie deine Kraftreserven zur Neige gehen. Und das, was du dir erhofft hast, hast du noch nicht erreicht. Vielleicht hast du dich auch auf jemanden verlassen und deine Erwartungen werden nicht erfüllt. Der Frust wird gespeist durch Wut, Trauer und Misstrauen.

Du spürst die Dunkelheit, doch erkennst auch das Licht am Ende des Tunnels. Dieses Licht gibt dir Hoffnung, also richtest du dich wieder auf und gehst weiter. Du mobilisierst noch einmal deine letzten Kräfte. Du spürst schon die klare Luft.

Doch dann ein weiteres Segment. Der Tunnel wächst schneller als du vorankommst. Du ziehst das Tempo an, atmest schnell, schwitzt, bist dehydriert. Endspurt denkst du. Doch je mehr du dich anstrengst, desto länger scheint die dunkle Röhre zu werden. Es ist, als gäbe es keine Luft mehr zum Atmen, als könnte kein Wasser der Welt deinen Durst löschen. Du siehst noch einen Funken Licht, aber die Hoffnung, jemals in der Erleichterung anzukommen, schwindet. Der innere Antrieb schmilzt. Noch kannst du dich auf den Beinen halten, läufst unermüdlich weiter. Du willst nicht aufgeben. So sehr hältst du an dem Ziel fest oder an der Vorstellung, dass das Leben doch auch leicht sein könnte.

Je mehr man versucht, diese Vorstellung zu greifen, desto schneller entschwindet sie einem aus greifbarer Nähe. Man verliert den präsenten Augenblick.

Der Sisyphos unserer Zeit.

Man läuft und läuft und läuft. Man kämpft sich durch den Dschungel einer verwirrenden und verwirrten Welt. Je mehr wir uns anstrengen, desto mehr verlieren wir uns selbst, unsere Energie, unsere Mitte. Wir wissen, dass wir Achtsamkeit üben und dankbar sein sollen, dass wir eine Brücke bauen sollen zwischen Loslassen und nicht zu sehr treiben lassen, dass wir nicht gegen den Strom schwimmen, aber auch nicht Mitläufer sein sollen.

Wir wissen das alles, aber wenn die Frustration steigt, spüren wir es nicht. Alles scheint chaotisch und verloren. Wir suchen nach Orientierung, während wir blind durch den dunklen Tunnel irren.

So fühlt sich Veränderung auch manchmal an. Es gehört zu unseren Erfahrungen, ob wir wollen oder nicht. Wir wünschen uns Leichtigkeit statt Schwere. Wir wehren uns gegen das Gefühl der Tiefe, der Enge und der Ausweglosigkeit.

Doch in der Dunkelheit finden wir den fruchtbarsten Boden, das größte Potential für Wachstum.

Schmerz und Verzweiflung gehören zu unserer Reise dazu. Wir müssen durch sie hindurch, denn sie sind hilfreiche Lehrer.

An Tiefpunkten und frustrierenden Momenten dürfen wir erkennen, dass es unsere Herausforderung ist, an diesen zu wachsen. Wir können den Muskel trainieren, nicht aufzugeben und unser Stehaufmännchen-Gen zu aktivieren. Wir sind eingeladen, diese Hürde zu überwinden – festzustellen, dass wir den Frust und die Dunkelheit überleben. Das ist ein Geschenk der Stärke, an das wir uns erinnern werden, wenn wir uns zukünftigen Herausforderungen stellen.

Es sind diese Frustrationen und scheinbar dunklen Momente, die wir erleben, wenn wir uns mitten in einem Veränderungsprozess befinden.

Alte Strategien greifen nicht mehr. Neue Wege sind noch nicht gefestigt. Wir fühlen uns wie in einem schwarzen Loch.

Was uns sonst geholfen hat, unsere Muster und Verhaltensweisen stehen nun nicht mehr im Einklang mit uns. Aber wir sind immer noch verstrickt im Außen mit unseren Mitmenschen und unserer alten Realität, die wir uns aus unserer alten Version heraus erschaffen haben. Es fühlt sich alles unbequem an, denn wir passen dort nicht mehr hinein. Es fühlt sich unsicher an, die neuen Strategien auszuprobieren. Wir sind wackelig und bekommen vielleicht Gegenwind, weil es auch für unser Gegenüber Veränderung bedeutet. Die Unsicherheit wächst. Doch es ist der Moment, in dem alles offen liegt und darauf wartet, neu sortiert zu werden.

Wir müssen zuerst wieder Vertrauen zu uns selbst, zu unserer neuen Version aufbauen. Wir müssen uns neu kennen lernen, denn durch die Transformation werden wir oft in unserer Selbstliebe, in unserem Selbstbewusstsein gestärkt und auch unsere Grenzen werden anders sein. Das müssen wir erst erforschen und verstehen. Erst dann können wir das neue Ich Stück für Stück integrieren und in es hineinwachsen.

Wenn wir selbst so weit sind, kann auch unsere Umwelt langsam begreifen, was da unter der Oberfläche vor sich gegangen ist. Unsere Mitmenschen können sich an unsere Veränderung gewöhnen und auch ihr Verhalten in der Interaktion mit uns anpassen. Dass es dabei zu Reibungen kommt, ist normal. Denn wie gesagt, zuerst müssen wir uns selbst abholen und realisieren, was an Veränderung geschehen ist. Wir nehmen Abschied von einem Teil von uns. Das bedeutet Trauer. Wir verteidigen neue Grenzen. Wut wird mobilisiert. Wir probieren neue Techniken, Verhaltensweisen und Strategien. Frust kommt auf, denn es fühlt sich unsicher an. Wir hinterfragen uns oft und sind in dieser Zeit des Wandels sehr verletzlich.

Erst wenn dieser Sturm abgeflaut ist, sich das Schneetreiben gelegt hat, sehen wir wieder klar.

Wir spüren deutlich und nehmen neu wahr. Wir werden selbstsicherer und der Frust ist überwunden. Erst dann ist der Moment gekommen, an dem auch unsere Mitmenschen realisieren, dass wir uns verändert haben.

Zum einen dürfen wir uns also regelmäßig daran erinnern, dass wir nicht verloren sind. Wir sortieren uns neu. Wir erfinden uns neu.

Wir stellen die Uhren zurück und befinden uns im Niemandsland.

Zum anderen dürfen wir den Irritationen und Widerständen unseres Gegenübers mit Verständnis begegnen. Für ihn haben sich die Landschaft und das Szenario, in dem er sich bewegt, verändert, ohne dass er unbedingt etwas dazu beigetragen hat. Wir dürfen wieder in die Annahme kommen und vor allem versuchen, Abstand zu gewinnen, wenn uns der Gegenwind um die Ohren fegt. Distanz gewinnen ist wichtig, um die Dinge nicht persönlich zu nehmen. Nichts von den Irritationen muss gegen uns gerichtet sein. Der Abstand lässt uns erkennen, wer unsere Transformation grundsätzlich unterstützt und wer sich unser altes Ich zum eigenen Vorteil zurückwünscht.

Es ist keine Frage, du wirst den Tiefpunkt, an dem du dich vielleicht gerade befindest, überwinden. Du wirst größer und reicher daraus hervorgehen. Das ist sicher.

Du aktualisierst dich selbst in diesem Veränderungsprozess.

Wie bei einem Computer-Update ist es normal, dass neben dem Aktualisierungsprozess und den großen Downloads nicht so viel auf einmal passieren kann wie sonst. Es hakt, du siehst Pixel, die Technik hängt.

Wir müssen viel verarbeiten, umsortierten und Neues einordnen, während wir uns transformieren.

Der Tunnel ist noch genauso lang wie vorher. Doch unsere Kapazität in diesem Moment ist eine andere. Unsere Wahrnehmung in diesem Augenblick ist eine andere.

Der Rhythmus und das Tempo sind anders, wenn wir zwischen beiden Welten stehen – unserer alten und unserer neuen Realität.

Wenn du also Frustration verspürst und denkst, du kannst nicht noch tiefer fallen, dann erinnere dich daran, dass du mitten in einem großen Upgrade steckst.

Deine Seele macht gerade einen Quantensprung.

Dein Körper und dein Geist versuchen mitzuhalten. Gib deinen drei Dimensionen Raum, sich wieder zu vereinen. Nutze deine Emotionen, die sich vielleicht gerade unbehaglich anfühlen, FÜR dich. Auch wenn es manchmal schwer zu glauben ist, sie sind bedingungslos für uns da. Wut zum Beispiel katalysiert starke Energien.

Nutze sie, um dich freizuschlagen. Nutze sie, um wieder aufzustehen. Nutze sie, um jetzt erst recht für dich loszugehen. Trauer kann auftreten. Vielleicht genau aus demselben Grund. Vielleicht, weil du viele Male in deinem Leben nicht für dich eingestanden bist, weil du mehr an den Träumen anderer gearbeitet hast als deine Vision zu leben. Nutze die Trauer, die aufsteigt.

Nimm Abschied von diesem alten Anteil in dir. Denn von nun an wirst du das Ruder nicht mehr so leicht aus der Hand geben. Nutze die Frustration. Sie zeigt dir, was du nicht mehr akzeptierst. Sie zeigt dir deine neuen Grenzen. Sie zeigt dir, was du dir so sehr wünschst. Sie empowert dich, dass du auf dem richtigen Weg bist. Denn sie ist da, weil du dich an einen Punkt in der Zukunft wünschst und dich von etwas in diesem Augenblick wegwünschst.

Frustration zeigt uns das Gefälle zwischen dem, was ist, und dem, was in einem zukünftigen Moment sein sollte, eine Bestätigung deiner Sehnsucht.

Nimm diesen Kontrast wahr und sei dir gleichzeitig darüber bewusst, dass Gegensätze Spannung erzeugen. Betrachte dieses Gefälle als zwei Pole, zwischen denen du dich gerade bewegst. Lass dich auf die Reise ein und besinne dich auf den Moment, in dem du dich befindest. Erhalte die Spannung nicht aufrecht, indem du dir immer wieder das IST und das SOLL vor Augen führst. Sondern interpretiere die Frustration als kleines Zeichen, dass es dort etwas gibt, das dich anzieht und erwartet. Und dann begebe dich zurück in das Vertrauen, denn du kennst die physikalischen Gesetze des Magnetismus.

Das nächste Mal an einem Tiefpunkt wirst du ähnliche Gefühle haben. Weil du aber weißt, dass diese vorübergehend sind, du nun verstehst, an welcher Stelle, wo auf deinem Weg stehst und weil du es bisher immer geschafft hast, Lösungen zu finden, wird sich der nächste Frust schon etwas leichter anfühlen. Du bist nicht mehr ohne Kontrolle verloren im dunklen Tunnel. Du besitzt jetzt eine kleine Taschenlampe. Es verändert nicht den Ort, die Zeit, den Raum oder die Dimension, in der du dich befindest.

*Doch dieses kleine Licht der Taschenlampe verändert dein Gefühl
in diesen dunklen Momenten.*

"When the day becomes the night and the sky becomes the sea,
when the clock strikes heavy and there's no time for tea; and in
our darkest hour, before my final rhyme, she will come back home
to Wonderland and turn back the hands of time."

– Lewis Carroll (Alice's Adventures in Wonderland)

Sei ein Gestalter, der Künstler deines Lebens

Die menschliche Existenz ist eine spannende Reise voller Möglichkeiten.

Wir alle stehen oft an einem Scheideweg, an dem wir entscheiden, ob wir die Rolle des aktiven Gestalters oder des passiven Opfers unseres Lebens einnehmen wollen. Diese beiden Perspektiven sind nicht nur philosophische Konzepte, sondern haben einen entscheidenden Einfluss darauf, wie wir unsere Erfahrungen, Herausforderungen und letztlich unser ganzes Leben wahrnehmen. Den Übergang von der Opfer- zur Gestaltermentalität zu meistern, ist ein intensiver Prozess, der dich dazu einlädt, dich selbst zu reflektieren und aktiv zu werden. Denn eines ist sicher: Du kannst dein Leben selbst in die Hand nehmen! Der erste Schritt ist, dich deiner eigenen Denkmuster bewusst zu werden.

Die Entscheidung, ob wir als Gestalter oder als Opfer unseres Lebens agieren, hat einen unglaublichen Einfluss auf unsere Lebensqualität und unser emotionales Wohlbefinden. Die Opferhaltung kann zu einem Gefühl der Hilflosigkeit und Stagnation führen. Doch die Gestaltermentalität eröffnet uns hingegen neue Wege der Selbstverwirklichung und des persönlichen Wachstums. Denn mit dieser Haltung können wir unser Leben verändern und in ein Kunstwerk verwandeln, das unsere Werte, Träume und Visionen widerspiegelt. Ja, wir können es in ein Meisterwerk verwandeln!

Letztlich liegt es an uns, die Farben und Formen unseres Lebens zu wählen und es nach unseren Vorstellungen zu gestalten.

Das, was uns im Leben widerfährt, können wir manchmal nicht beeinflussen. Über einige Dinge haben wir einfach keine Kontrolle. Das kann dazu führen, dass wir uns verloren fühlen. Wir können uns dem Leid hingeben und uns fragen, warum genau UNS das passiert. Wir können unsere kostbare Lebenszeit damit verbringen, all dies zu hinterfragen, zu analysieren und nach Schuldigen zu suchen.

Kontrollverlust und Ungewissheit sind Zustände, die für uns schwer auszuhalten sind.

Schwierig, weil sie uns triggern. Sie fordern uns auf, unsere bekannten Konzepte im Kopf, unsere Erwartungen und Annahmen über die Zukunft loszulassen. Sie drängen uns, uns auf ungewohntes Terrain zu begeben, dessen Unbekanntheit wir scheuen. Nun können wir hineingehen in diese Emotionen und uns schlecht fühlen. Schutzlos ausgeliefert, zurückversetzt in die Vergangenheit, vielleicht in alte Kindheitserinnerungen, in denen wir genau das wirklich erlebt haben: Kontrollverlust und Schutzlosigkeit.
Aber das ist die Vergangenheit.

Diese Zeit ist vergangen. Sie ist nicht mehr deine Realität.

Dein Leben findet in diesem Augenblick statt.

Du bist nicht mehr das Kind. Du stehst jetzt auf deinen eigenen Beinen. Mach dir das klar.

Du bist unabhängig und frei.

Mit dieser Freiheit und dem Herauswachsen aus der kindlichen Abhängigkeit wächst du gleichzeitig in deine volle Verantwortung für dich selbst hinein.

Du bist nun erwachsen und bist verantwortlich für deine Gefühle, deine Gedanken und dein Leben.

Die Vergangenheit ist zu einer Erinnerung geworden. Sie ist nicht (mehr) deine Wirklichkeit. Du kannst sie nicht zurückholen oder gar verändern. Du kannst nicht in diese Zeit zurückkreisen (außer in deinen Gedanken und Träumen). Du kannst nicht ändern, was dir widerfahren ist, wie du behandelt wurdest und auch nicht, wie dein altes Ich sich verhalten hat. ABER du kannst dich entscheiden.

In jedem Moment, in dem du dich befindest, in jeder Situation, die dir begegnet, kannst du dich ab heute immer wieder neu entscheiden, ob du Gestalter oder Opfer deines Lebens sein möchtest.

Du – einzig und allein du – kannst entscheiden, wie du mit den Dingen, Worten, Personen, die dir begegnen, umgehen willst. Du kannst dich für deine altbekannten Muster entscheiden. ODER aber du investierst in die innere Arbeit, indem du dich reflektierst, alte Wunden heilst und somit neue Verhaltensweisen und Gewohnheiten etablierst. Genau das, was du lebst, was du kultivierst, geht mit dir in Resonanz. Genau davon wirst du mehr in dein Leben ziehen.

Die Welt, die du dir im Außen errichtest, ist ein Spiegel deiner inneren Realität. Und umgekehrt.

Nimm dir doch mal einen Augenblick Zeit. Halte inne und frage dich, was genau du eigentlich erschaffen möchtest. Willst du das, was dir gerade begegnet ist, in deinem Leben haben oder nicht?

Wenn ja, wunderbar! Mehre und nähre es. Lass es wachsen und investiere deine Energie genau da hinein. Wenn nein, weg damit!

Öffne deine Tür nicht mehr für Menschen und Erfahrungen, die dir nicht dienen. Du weißt bereits, wie es sich anfühlt. Entscheide dich immer wieder dafür, dass du es ab jetzt nicht mehr tust. Lass hinter dir, was dir keine Energie gibt, was dich zurückwirft, was dich zum Opfer oder zur Zielscheibe macht.

Einfach so. Es ist eine Entscheidung. Mehr braucht es nicht. Umso öfter du diese Entscheidung triffst, desto natürlicher wirst du deine Konsequenzen ziehen und deine Grenzen kommunizieren. Wenn jemand diese nicht akzeptieren will oder versucht, dich zu manipulieren, hat das nichts mit deinem Wert zu tun.

Du bist kein Opfer der Meinung oder Interpretation anderer.

Du bist kein Opfer dessen, was es in dir auslöst.

Denn du bist überhaupt kein Opfer!

Du bist Gestalter. Du bist Künstler deines Lebens und wählst die Farben aus, die dir gefallen.

The Earth without „art" is just "eh".

Bring Kunst in die Bereiche deines Lebens, die sich noch nach „eh" anfühlen.

Dort, wo es sich nicht nach deiner Welt aussieht, fehlt DEINE Gestaltung.

Du kreierst dir dein Leben, deine Wirklichkeit und die Erfahrungen, die du machen möchtest. Niemand sonst.

Übernimm die Verantwortung für dich und dein Leben! Zu 100% und nicht weniger. Denn, wenn du es nicht tust, gibst du die Macht an jemand anderen ab. Du wirst dich fremdgesteuert fühlen. Denn du erfährst Kontrollverlust. Ziehe dir diesen alten Schuh nicht mehr an, sondern sage dir: „Ab jetzt mache ich das nicht mehr."

Wenn du die volle Verantwortung übernimmst, kreierst und gestaltest du. Du heilst und lässt los. Auch das braucht Übung. Wir alle haben Anteile, in denen wir noch in der Opferrolle sind und alte Gewohnheiten auf Autopiloten abgerufen werden. Manchmal ist es schmerzhaft, genau das zu erkennen. Denn diese Erkenntnis geht einher mit der eigenen Verantwortung und dem Wissen, dass wir uns das Leid, das wir empfinden, selbst zufügen.

Vielleicht löst das in dir Widerstand aus. Das ist in Ordnung. Von außen kann uns großes Leid zugefügt werden und auch über Schicksalsschläge haben wir keine Kontrolle. Was wir jedoch kontrollieren können, ist, wie wir damit umgehen.

Was in unserer Kontrolle liegt, ist zu erkennen, was wir in der Hand haben und was nicht.

Was wir ändern können, ist unser Fokus. Wir können wählen, die Vergangenheit loszulassen. Wir können in die volle Akzeptanz gehen und einen Teil unserer alten Identität hinter uns lassen. Richte deinen Fokus und all deine Energie nicht auf etwas, das außerhalb deiner Macht liegt. Das schwächt dich und nährt den Kontrollverlust.

Leiden entsteht, wenn wir in den Widerstand gehen. Wenn wir uns auflehnen gegen das, was ist. Leiden erwächst aus dem Fokus auf den Mangel. Leiden wird größer, wenn wir die Kontrolle abgeben.

Leiden löst sich auf, wenn wir annehmen, was sich im Hier und Jetzt zeigt. Leiden endet, wenn wir uns auf die Fülle konzentrieren, auf das, was uns nährt. Leiden verschwindet, wenn wir Verantwortung übernehmen. Denn Verantwortung gibt uns die Kontrolle zurück.

Wenn wir unsere Anteile erkennen, für die wir selbst verantwortlich sind und aufhören, diese auf andere Personen, Umstände oder die Vergangenheit abzuwälzen, haben wir auf einmal wieder Handlungsspielraum. Wenn wir jedoch all diese Kontrolle abgeben, indem wir Entschuldigungen im Außen suchen, begeben wir uns selbst in die Ohnmacht.

Dein Leben ist deine Entscheidung.

Übernimm die Verantwortung für dich und deine Erfahrungen.

Konzentriere dich auf die Dinge, die du selbst in der Hand hast. Das können praktisch orientierte Lösungen sein, wie einen Job zu wechseln, eine Party zu verlassen oder eine Beziehung zu beenden.

Es können aber auch emotionsorientierte Problemlösungen sein, also die Regulierung der eigenen Gefühle. Zu diesen gehört auch die Entscheidung, welche der Gefühle man kultivieren möchte und ob man sich der Opferrolle hingeben möchte oder nicht. Als Gestalter wiederum kannst du hinschauen, welche Anteile du durch äußere Dinge verändern kannst und welche durch innere.

Und nun gehe los!

Erschaffe dir deine wunderbarste Welt, die du dir nur vorstellen kannst!

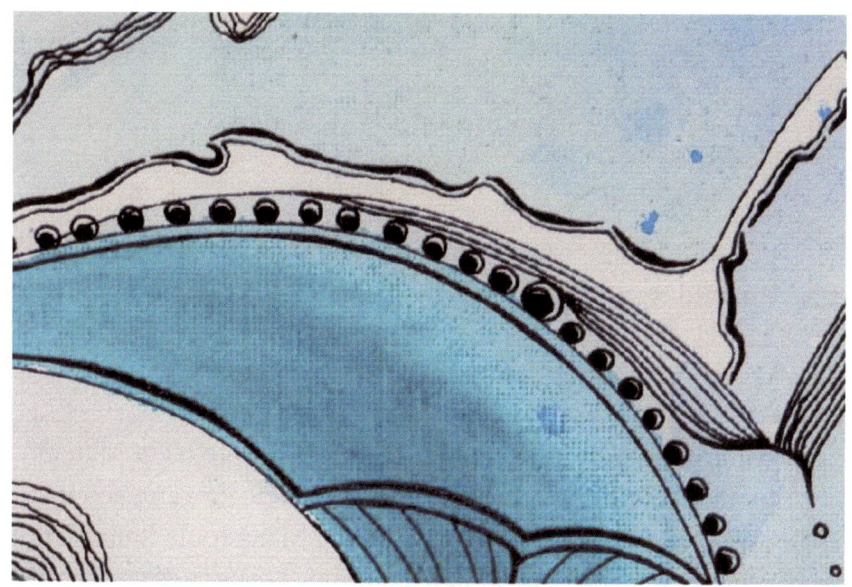

Impulsfragen: Übernimmst du bereits volle Verantwortung für dein Leben? Was soll in deinem Leben vorhanden sein? Wie möchtest du dich fühlen? Was ist aktuell präsent? Was ist gut und was möchtest du nähren? Welche Anteile deines Lebens sind noch im Mangel und möchten in die Fülle kommen? Wo bist du manchmal noch in der Opferrolle? In welchen Moment sitzt du bereits selbstbewusst am Steuerrad?

Motivation und Blockaden

"Dreams do come true, if only we wish hard enough. You can have anything in life if you will sacrifice everything else for it."

– J.M.Barrie (Peter Pan)

„Wenn Du ein Schiff bauen willst, dann trommle nicht Männer zusammen, um Holz zu beschaffen, Aufgaben zu vergeben und die Arbeit einzuteilen, sondern lehre die Männer die Sehnsucht nach dem weiten, endlosen Meer."

– Antoine de Saint-Exupéry

Ich weiß, dass du 1000 Gründe kennst, warum es schiefgehen könnte.

Doch ich weiß auch, dass du mindestens 1001 Gründe kennst, warum es funktionieren wird.

Es ist an der Zeit, für diese 1001 Argumente loszugehen.
Sie dir auf die Stirn zu schreiben. Sie dir immer wieder vor Augen zu führen.

1001 Gründe existieren, die deine Zweifel aushebeln.

Willst du für sie kämpfen oder willst du dir die Bestätigung dafür suchen, auf dem Sofa sitzen zu bleiben?

Einer Motivation liegen immer Bedürfnisse zugrunde. Laut der ERG-Theorie von Alderfer werden drei Bedürfnisgruppen unterschieden:[6]

Das *E* im Akronym steht für *„Existence"* und beschreibt existenzielle, also Grundbedürfnisse. Dazu zählen physiologische Bedürfnisse oder Sicherheitsbedürfnisse bezüglich materieller Dinge.

Das *R* kommt von dem Begriff *„Relatedness"* und repräsentiert alle Bedürfnisse, die mit Beziehungen verbunden sind. Dazu gehören soziale und zwischenmenschliche Bedürfnisse, wie zum Beispiel ein respektvoller Umgang mit anderen oder Sicherheit von seinen Mitmenschen zu erfahren.

Das *G* beschreibt das Wachstum – *„Growth"*. Es steht für das Bedürfnis nach Selbstverwirklichung und beschreibt innerpersönliche Wachstumsmotive.

Da alle dieser Motivationsebenen gleichzeitig angesprochen werden können, kann mehr als nur ein Bedürfnis als Antriebskraft wirken.[7]

Die Motivation gibt schließlich die Bewegungsrichtung an. Wir streben etwas an oder vermeiden es, um unsere Bedürfnisse zu befriedigen. Manche Menschen sind leistungsmotiviert. Andere folgen dem Anschlussmotiv und wieder andere sind

---

[6] vgl. Franken, 2010, S.90
[7] vgl. ebd.

machtmotiviert. Motivation können wir von innen heraus erfahren. Dann ist sie intrinsisch und wir tun das, was wir tun, einfach weil wir darin aufgehen. Extrinsische Motivation hingegen wird durch äußere Anreize angetrieben. Dazu zählen zum Beispiel Belohnungen, Bestrafungen oder Erwartungen. Barrieren der Motivation können auf emotionaler Ebene liegen, durch äußere Umstände entstehen oder durch mangelndes Wissen bedingt sein.[8]

Je nachdem, wie wir etwas empfinden, kann es uns antreiben oder bremsen.

Die größte Hürde stellen unsere emotionalen Blockaden dar. Denn wenn unsere innere Überzeugung lautet, dass wir uns die äußeren Umstände selbst erschaffen, räumen wir die extrinsischen Blockaden einfach aus dem Weg. Dasselbe gilt für fehlendes Wissen. Wenn wir intrinsisch angetrieben sind, etwas zu erreichen und Vertrauen in unsere Fähigkeit haben, uns Wissen anzueignen, stellt auch diese eine überwindbare Herausforderung dar.

Auf der emotionalen Ebene wird es jedoch manchmal etwas kniffliger. Denn oft ist uns gar nicht bewusst, was uns blockiert und wie wir das ändern können. Deshalb ist den Emotionen, ihren Funktionen und ihrer Regulation ein eigenes Kapitel in diesem Buch gewidmet. Damit kannst du dir Handwerkszeug aneignen, um unaufhaltsam zu werden.

Wenn du einmal verstanden hast, woraus sich deine Motivation und somit auch die persönlichen Blockaden speisen, wenn du deine eigenen Emotionen verändern und für dich nutzen kannst, dann gibt

---

[8] vgl. Schüler et al., 2020, S.143

es kein „unmöglich" mehr. Denn du wirst sie als Ressourcen und als Antriebskraft nutzen.

Umso klarer du deine Bedürfnisse erkennst und umso besser es dir gelingt, deine Emotionen für dich zu nutzen, desto mehr Energie steht dir zur Verfügung.

Denn du wirst deine Kraft nicht mehr dafür verschwenden, gegen dich selbst zu kämpfen.

Egal in welchem Kostüm uns eine Blockade begegnet, es kann sich zum Beispiel um einen quersitzenden Glaubenssatz handeln – das Prinzip ist immer dasselbe. Zuerst müssen wir erkennen, was unsere Bedürfnisse sind.

Das können alltägliche Dinge sein, wie Erholung, Schlaf, Nahrung oder Bewegung. Aber auch grundlegende Bedürfnisse nach Sicherheit, Geborgenheit oder Liebe. Damit verbunden ist eine Emotion, die sich aus Erfahrungen speist und dafür sorgt, dass wir uns in Bewegung setzen. Dieses Gefühl prägt also unsere Motivation.

Je nachdem, was wir erlebt haben und wie wir es wahrgenommen haben, können diese Motivationen für uns förderlich oder hinderlich sein.

Somit können uns Dinge langfristig schaden, obwohl sie kurzfristig unsere Motivation antreiben. Zum Beispiel ist Rauchen oder Alkohol trinken ein kompensatorisches Verhalten, um sich kurzfristig zu entspannen. Langfristig ist es schädlich für unseren Körper und unsere Psyche. Arbeiten, ohne Pause zu machen, kann das kurzfristige Bedürfnis von Anerkennung stillen. Doch langfristig brennt es aus und das tiefsitzende Bedürfnis nach (Selbst-)Liebe wird dadurch nicht befriedigt.

Wenn als Kind unsere Grenzen nicht respektiert wurden und wir deshalb Angst haben, welche zu setzen, kann dies dazu führen, dass wir uns für andere Menschen und deren Erwartungen selbst aufgeben. Dieses Verhalten ist angstmotiviert, denn wir wollen nicht ausgeschlossen werden (Vermeidung und Anschlussmotiv). Langfristig ist es auch gesundheitsschädlich, weil wir schlecht mit unseren Energieressourcen umgehen. Es braucht eine neue Erfahrung: Grenzen setzen mit dem Gefühl von Sicherheit und Akzeptanz.

Dazu müssen wir genau hinschauen, was uns antreibt und wo der Ursprung dessen liegt, was uns in Bewegung setzt.

Im nächsten Schritt müssen wir erkennen, ob es uns wirklich dient oder ob es uns in der Vergangenheit geholfen hat zu überleben und nun dysfunktional geworden ist.

Es sind meistens nicht die rationalen Dinge, die uns bremsen.

Sondern es sind die impliziten Kopplungen unserer Emotionen und Vorstellungen an ein vergangenes Ereignis.

Dieses formt die Erwartung, die wir an ein zukünftiges Erleben haben.

Eine Erfahrung, die wir oder Generationen vor uns gemacht haben (Traumata sind vererbbar), kann durch die Vernetzung von Vorstellungen eine blockierende Verbindung schaffen. Konkret bedeutet das: Wenn ich Arbeit mit Selbstausbeutung und Verlust von Lebenszeit verbinde, wird mich Arbeit immer viel Kraft kosten. Denn wir erschaffen uns unser Außen aus inneren Überzeugungen heraus. Diese bestätigen wir dann immer wieder mit den gleichen Erfahrungen.

Es gilt also, diese alten Verbindungen aufzulösen und sie neu zu koppeln.

Wenn wir diese Konzepte in unserem Kopf, die Ausdruck in unserem Körper sowie der physischen Welt finden, identifizieren, können wir sie verändern.

So erlangen wir Freiheit.

So können wir das kreieren, was wir glauben und in der Realität erschaffen wollen. Wir kommen in die Weite und Grenzenlosigkeit. Wir heilen. Wir können nun selbst bestimmen und im Einklang mit unserer Seele leben. Wenn es uns gelingt, diese Programmierungen loszulassen, können wir mit Leichtigkeit unserem Herzen folgen.

Denn nun haben wir das ambivalente Spannungsfeld widersprüchlicher Motivationen in uns aufgelöst. Das können kurz- und langfristige Bedürfnisse sein. Es kann aber auch ein eigener Wert sein, der bisher im Widerspruch zu einem Trauma oder einem blockierenden Glaubenssatz stand. Wenn uns diese Transformation gelingt, sind wir neu verdrahtet.

Wir ebnen dadurch frische Bahnen in unserem Gehirn, die uns dazu verhelfen, unsere Vision Wirklichkeit werden zu lassen.

Wir verknüpfen neu und befähigen uns dadurch, die notwendigen Schritte auch auf physischer Ebene zu gehen.

Impuls: Enjoy the ride!

Du bist genau an dem Punkt deines Lebens, an dem du sein sollst.

Du ziehst diejenigen Menschen an, die mit deiner Frequenz resonieren.

Die aktuellen Herausforderungen und Aufgaben sind genau für dich gemacht. Deine Seele will wachsen!

Nimm das Unbequeme an, umarme das Schwierige. Du bist dazu in der Lage, es zu bewältigen, sonst würde es sich dir in diesem Moment nicht zeigen.

Sei stolz auf die Person, die du bereits geworden bist. Bereue nichts. Dein altes Ich hat sein Bestes gegeben.

Sei in diesem Augenblick die beste Version deiner Selbst und fülle ihn mit Freude. Verwandle deine vermeintlichen „Schwächen" in Stärken.

Manifestiere die Zukunft, die du dir wünschst – im Hier und Jetzt. Deine Gedanken, deine Visualisierungen und deine Handlungen werden dich ans Ziel führen.

Das Universum dient dir. Du musst nur deine Bestellung aufgeben.

Lass es eine schöne und magische Reise werden!

Du kannst deine Motivation fördern und Selbstsabotage überwinden, indem du dir dieser Muster bewusstwirst und aktive Schritte unternimmst. So kannst du deine Ziele leichter verfolgen und dein Leben selbst in die Hand nehmen.

Hier sind ein paar Klassiker der Selbstsabotage und einige Impulse, wie du deine Motivation aufrechterhalten kannst:

Es ist ein kleiner Reminder für dich, falls du dich gerade verloren fühlst oder vielleicht denkst, auf dem Holzweg zu sein. Vielleicht bist du frustriert oder hast das Gefühl zu stagnieren. Vielleicht hast du das Gefühl, du kämpfst und rennst und arbeitest, aber nichts passiert. Stoppe kurz und erinnere dich an den natürlichen Zyklus, den alles und jeder durchläuft – auch der Prozess der Veränderung besteht aus verschiedenen Phasen.

Höre auf damit, dich selbst fertig zu machen. Wenn du blockiert bist oder in diesem Moment keinen Antrieb findest, weiterzulaufen, dann hat das verschiedene Gründe. Etwas will sich zeigen.

Die Antriebslosigkeit hat eine Funktion.

Es kann sein, dass es ein Zeichen für dich ist, aufzutanken und in die Entspannung zu gehen. Vielleicht ist es an der Zeit, dass du Pause machst und einfach mal alles für einen Augenblick vergisst. Beiße dich nicht fest und lasse los.

Erinnere dich an dein Unterbewusstsein. Deine Transformation stagniert nicht, nur weil du nicht in jeder Sekunde hart arbeitest oder dir eine Pause erlaubst. Ganz im Gegenteil. Oft schafft unser Gehirn kreative Verbindungen, wenn wir uns entspannen, wenn wir Raum für die Verarbeitung geben. Dies kann Meditation sein,

Schlaf, ein Spaziergang, Sport oder ein Treffen mit Freunden. Schalte einfach mal ab und sorge gut für dich selbst.

Manchmal haben wir so viel zu tun, dass wir gar nicht wissen, wo und wie wir beginnen sollen. Das Gefühl, all das nicht bewältigen zu können, bremst uns darin, überhaupt irgendwo anzufangen. Wir schauen auf alle Aufgaben, unsere unendlich lang erscheinende To-Do-Liste. Sie entzieht uns jegliche Freude auf den Tag, obwohl er noch nicht einmal wirklich begonnen hat.

Impuls: Hast du schon einmal ausprobiert eine Done-Liste anstelle einer To-Do-Liste zu schreiben? Wenn du eine Done-Liste schreibst, richtest du deinen Fokus automatisch auf die Selbstverstärkung aus.

Das, was du geschafft hast, ist ein Erfolg.

Mit diesem positiven Gefühl geben wir uns selbst Schwung.

Wenn wir eine Sache geschafft haben, schaffen wir auch die nächste und wenn nicht, konzentrieren wir uns immer noch auf das, was wir erreicht haben. Bei der To-Do-Liste hingegen fällt der Blick auf alles, was noch fehlt. Es ist die Perspektive des Mangels. Denn oft erlauben wir uns erst, uns zu loben, innezuhalten und uns gut zu fühlen, wenn wir alles erledigt haben. Probiere es mal aus und shifte deinen Fokus.

Wenn du einen „Fehler" gemacht hast, du dir schon einredest, dass es nicht so schlimm ist und deine Gedanken trotzdem nicht aufhören zu kreisen, dann wechsle die Perspektive, gewinne Abstand.

Stell dir vor, du beamst dich raus – erst aus deinem Kopf, dann aus deinem Körper und dann von der Erde in den Weltraum. Nun schwebst du neben den Sternen, Galaxien und Planeten. Du blickst von weit oben auf die Erde und auf dich selbst.

Und nun frage dich noch einmal: Wie schlimm ist es wirklich? Ist dieser Fehler wirklich relevant und wird er in ein paar Jahren noch von Bedeutung sein?

Manchmal kommen wir auch nicht umhin, Dinge zu tun, auf die wir überhaupt keine Lust haben. Das kann die Steuererklärung sein, das Beantworten von E-Mails oder der Hausputz. Auch wenn wir unsere Träume verwirklichen, wird es immer Tätigkeiten geben, die wir nicht so angenehm finden, wie andere. Oft ist aber auch diese Einstellung mit vergangenen Erfahrungen verknüpft, die unsere Unlust verstärken.

Wir dürfen uns also wieder neu öffnen. Vielleicht schaffen wir es ja, die alte Erfahrung mit einer positiveren Version zu überschreiben. Zumindest können wir uns aber den Moment so schön wie möglich gestalten. Wenn schon Steuererklärung, dann mit der Lieblingsmusik, einer Kerze und einem Wohlfühlpulli. Mache aus der Tätigkeit eine Achtsamkeitsübung.

Tue das, was du tust, in voller Präsenz und mit Liebe.

Ein weiterer Grund sind sabotierende Gedanken.

Auch in diesem Fall, halte inne. Stoppe deine Aktivitäten und beobachte dein Gedankenkarussell. Sind es hilfreiche Worte, die du dir selbst sagst? Was davon ist förderlich und was nicht? Komm raus aus dem Strom an einprasselnden Energieräubern. Es ist nur das Wetter. Diese Gedanken sind wie Regenwolken. Lass sie vorbeiziehen und identifiziere dich nicht mit ihnen. Du bist nicht die Blockade, die Faulheit, der Versager oder was auch immer dir deine Gedanken vorgaukeln.

Möglicherweise blockierst du dich auch selbst, weil dein Anspruch zu hoch ist. Überprüfe doch einmal, wie hoch du die Messlatte gesetzt hast. Wie hoch ist sie heute? Kannst du diese Höhe heute erreichen?

Wir sind keine Maschinen und das ist gut so! Rufe dir das ins Gedächtnis.

Wir funktionieren nicht jeden Tag gleich.

Wir können nicht jeden Tag in derselben Intensität Leistung erbringen. Wir können nicht jeden Tag im gleichen Rhythmus, mit der gleichen Effizienz und Effektivität arbeiten.

Wir sind multifacettierte, komplexe Herzenswesen.

Wir sind dynamisch und verändern uns täglich.

Daran dürfen wir auch unsere Tagesziele anpassen. Wenn dir also deine Messlatte zu hoch erscheint, dann setze sie niedriger an. Stelle die Höhe so ein, dass du mit Leichtigkeit darüber springen kannst. Wir wachsen im Fluss, nicht unter Druck. Bleib in deinem Fluss. An einigen Tagen wirst du von den Stromschnellen getragen und überwindest große Höhen, wie ein Wasserfall. An anderen Tagen zeigt sich das Wachstum sanft, langsam und der Strom bleibt fast unbemerkt. Manchmal befindest du dich in einem Stausee und manchmal blickst du auf Felsen und umgestürzte Bäume in deinem Fluss. Fließe mit allem, was dir begegnet und nimm dir die Zeit aus der Ruhe, aus der Kraft, dir einen Weg zu bahnen.

Beweise Mut zur Lücke und wirf deinen Perfektionismus über Bord. Ersticke nicht deinen Antrieb in einem immensen Erwartungsdruck an dich selbst. Tu dein Bestes und lass es genug sein. Mehr kannst du ohnehin nicht tun.

Führe dir vor Augen, dass du nicht faul bist.

Wenn wir davon ausgehen, dass grundsätzlich jeder von Natur auf intrinsisch motiviert ist, stellt sich eher die Frage, ob es so etwas wie Faulheit überhaupt gibt. Und falls es sie gibt, dann deshalb, weil dahinter ein unbefriedigtes Bedürfnis liegt.

Faulheit ist die Angst vor Anstrengung.

Und wann haben wir Angst davor, uns anzustrengen? Genau! Dann, wenn wir keine Ressourcen mehr zur Verfügung haben oder wenn wir gegen unser Naturell arbeiten. Oft zeigt sich die Faulheit oder besser Antriebslosigkeit, wenn wir bereits viel geleistet haben bzw. zu viel von dem, was uns tendenziell auszehrt. Sie zeigt sich, wenn wir uns ausgelaugt haben oder uns regelmäßig überarbeiten und dann Arbeit, Wachsen, Verändern mit Anstrengung verbinden. Diese Konditionierung entsteht durch unsere Gewohnheiten. Antriebslosigkeit hat eine Funktion. Sie hat einen Grund, warum sie sich zeigt. Anstatt sie also wegdrücken zu wollen oder sich selbst dafür zu verurteilen, dass sie da ist, schau dir die Ursache an.

Ein Bedürfnis möchte erfüllt werden.

Oft ist es das Bedürfnis nach Erholung.

Klassisch in diesen Momenten ist das Prokrastinieren. Wer kennt es nicht? Wir machen alles andere, nur nicht das, was wir „sollen". Da wird die Wohnung auf Hochglanz poliert, Sachen aussortiert oder ein Serienmarathon absolviert.

Und? So what? Macht doch nichts. Irgendwann werden die Energie und Kraft für das, was wir „sollen" schon zurückkehren. Oft geht es uns dann auch viel leichter von der Hand. Beobachte dich einmal selbst dabei. Mit Sicherheit wirst du feststellen, dass du in den meisten Fällen, es dann doch irgendwie und irgendwann geschafft hast, deine Aufgabe zu erledigen.

Genau an diesem Mechanismus kannst du auch wachsen. Denn die nächste Antriebslosigkeit kommt bestimmt. Versuche doch mal, wenn du sowieso schon prokrastinierst, das mit einem guten Gewissen zu tun. Zelebriere deine Pause und tue Dinge, die dir wirklich dienen. Wenn du nicht weiterkommst, gehe spazieren, mache Yoga, meditiere, lese ein Buch und mache einen Powernap. Belaste dich nicht mit noch mehr Informationen und Bildschirmzeit.

Dein Geist braucht Ruhe und will Dinge verarbeiten. Sprenge nicht deine eigene Kapazität an Informationsaufnahme. Das ist ein Akt der Selbstliebe. Sei gut zu dir!

Frust und damit verbundene Motivationstiefs können auch entstehen, wenn uns alles zu langsam geht.

Vermeintlich hat sich nichts geändert. Wir erzählen uns immer wieder die gleiche Geschichte: Wir laufen, laufen, laufen, aber das Ziel ist einfach nicht in Sicht. Erinnere dich daran, dass Wachstum ein Prozess ist. Es braucht Zeit, Liebe und Fürsorge.

Behandele dich wie eine Pflanze.

Diese verurteilst du ja auch nicht dafür, dass sie noch nicht blüht, und du versuchst auch nicht, ihr Wachstum unter Druck zu beschleunigen. Nein, das käme uns nicht in den Sinn, denn wir akzeptieren den Rhythmus der Natur.

Wir wissen, dass wir nur im Einklang mit ihr leben können und er nicht in unserer Kontrolle liegt. Also nehmen wir an, was ist. Behandle dich auch so.

Nimm Geschwindigkeit aus deinem eigenen Wachstum.

Denn wie bei der Pflanze, ist es auch bei dir so. Wenn du genau hinschaust, wirst du jeden Tag eine Veränderung entdecken, und sei sie noch so klein. Übe dich darin, sie zu entdecken. Achte auf die Details und vor allem schätze diese kleinen Dinge wert.

Schätze dich selbst wert.

es, wenn du dich für einen Spaziergang statt für zwei Stunden Instagram entschieden hast. Sieh die Veränderungen in deinen Gewohnheiten. Mache sie für dich sichtbar. Jede winzig kleine ist von großer Bedeutung!

Achte auf die gesunden oder gesünderen Entscheidungen, die du nun für dich triffst. Schreibe dir die Dinge auf, die du gut machst. Verstärke sie und übe dich darin sie zu wiederholen. Richte immer wieder deinen Fokus auf die kleinen Knospen deines Wachstums.

Flow

In voller Verbundenheit bist du im Fluss.

In einem grenzenlosen Raum.

Schwerelos und ohne Zeit.

Illusion oder Wahrheit, Traum oder Wirklichkeit?

Alles verschwimmt in einem Strom.

Kreative Gedanken sprudeln,

ein Feuerwerk an Ideen.

Du bist der Ozean der Kreation.

Du springst höher denn je.

Alles ergibt auf einmal Sinn.

Doch du denkst nicht.

Du schwebst über den Dingen.

Du fließt und sprudelst und entfaltest dich.

Du bist eins mit deinem Tun,

mit dem Moment und mit der Welt.

Du vergisst dich selbst.

Der Zustand des Flows ist ein wunderbarer. Jeder kennt ihn. Es ist das völlige Aufgehen im Moment, in einer Tätigkeit. Wir verlieren jegliches Gefühl für Zeit und Raum. Wir fließen ungebremst und motiviert. Die Energie sprudelt aus uns heraus. Sie generiert sich aus sich selbst heraus. Wir befinden uns in einem Zustand der Höchstleistung, der maximalen Motivation. Wir sind vollkommen mobilisiert und schwerelos. Wenn wir im Flow sind, sind wir gut in dem, was wir tun. Wir performen maximal und fühlen uns großartig dabei.

Es ist die pure Präsenz und Lebendigkeit, denn es gibt kein Gestern und kein Morgen.

Wir erleben buchstäblich, dass Zeit eine Illusion ist.

Der Flow-Zustand ist ein Schlüssel für deinen Herzensweg.

Er ist ein besonderer Motivationszustand. Denn er zeigt dir, worin du wirklich aufgehst. Und während du dich in voller Präsenz befindest und das tust, was du liebst, das, was dir leicht von der Hand geht, bist du auch noch wahnsinnig gut darin.

Weil der Flow ein so wundervoller Gefühlszustand ist, strebst du danach, ihn immer wieder zu erreichen, eben durch die Tätigkeit, die dir den Flow ermöglicht. So wirst du schnell immer besser und natürlicher im Flow. Du willst mehr wissen, die ganze Fülle in dich aufnehmen, dich absorbieren lassen. Du entfaltest dich in diesen Momenten und aus deinen Wurzeln erwächst eine prachtvolle Blüte. Wenn du im Flow bist, bist du deiner persönlichen Superkraft sehr nahe.

Impulsfragen: Wann erlebst du den Zustand des Flows? Was tust du, um ihn zu erreichen? Bei welchen Tätigkeiten kommst du leicht in den Flow?

Im Flow bist du kreativ.

Die inneren Kritiker haben keinen Raum, weil du einfach fließt und vollständig präsent bist. Du findest neue Lösungen und neue Wege. Du kombinierst die Dinge anders.

Du erschaffst Dinge einfach aus dem Tun heraus, ohne dich anstrengen zu müssen.

Alles macht einfach mehr Spaß, wenn wir im Fluss sind. Denn dort ist kein Platz für innere Selbstsabotage oder den Gedanken, was wir heute zu Mittag essen wollen.

Doch wie erreichen wir den Flow Zustand?

Es gibt einige Dinge, die wir tun können, um leichter in den Flow-Zustand zu kommen.

Achtsamkeit fördert den Flow. Denn wenn wir es schaffen, bewusst im Moment zu sein, stellt sich der Flow leicht ein. Jeder kennt das. Wenn wir das tun, was wir gerade tun und nichts anderes in diesem Moment präsent ist, verlieren wir uns in der Zeit. Das kann beim Abwaschen passieren, in einer Meditation, beim Sport oder zum Beispiel bei kreativen Tätigkeiten. Wir können bei allem, was wir tun, in den Fluss kommen.

Wenn wir den Fokus halten können und es uns gelingt „abzuschalten" kommen wir leicht in den Flow. Somit gilt Stress als Flow-Killer. Deshalb ist es hilfreich, Entspannung herbeizuführen und Ablenkungen zu reduzieren. Blende alles aus, schalte alles ab, was dich aus dem Moment reißen könnte. Das betrifft alle Sinnesreize.

Auch Routinen helfen, in den Flow zu kommen. Erinnere dich an die Bahnen in unserem Gehirn. Nach einer gewissen Zeit können wir die Uhr danach stellen, welcher emotionale Zustand bei uns aktiviert wird. Das Gleiche gilt für produktives und konzentriertes Arbeiten. Wenn wir die Gewohnheit haben, jeden Morgen zu schreiben, existiert kein Chaos von Entscheidungen, inneren Stimmen und Widersprüchen. Wir tun es einfach.

Musik kann auch dabei unterstützen, in den Flow zu kommen. Denn zum einen schirmt sie einzelne Geräusche ab, die uns herausreißen können. Zum anderen schwingt jedes Musikstück auf seiner eigenen Frequenz, auf die wir uns automatisch einstimmen. Wir können sie neben unserer eigentlichen Tätigkeit hören oder uns ganz in sie vertiefen. Hier sind alle Arten von Klängen und Sounds mit inbegriffen.

Bei Extremsportarten oder im Freien ist es besonders leicht, in diesen Zustand zu kommen. Denn während wir in 15 Metern Höhe an einer Kletterwand hängen, denken wir nicht an den Teller, den wir morgens in der Spüle stehen gelassen haben. Alle Systeme laufen auf Hochtouren. Wir sind voll konzentriert und rufen unser Potenzial ab.

Auch die Natur und das bewegte Umfeld haben einen besonderen Einfluss. Wir können nur eine begrenzte Anzahl von Dingen gleichzeitig wahrnehmen. Wenn wir also die Kletterwand vor uns sehen, nach dem nächsten Halt suchen, den harten Fels und das Magnesium an den Fingern spüren und gleichzeitig unsere Zehen schmerzen, die in den engen Kletterschuhen stecken, bleibt nicht mehr viel Kapazität für Alltagsgedanken. Sobald wir routinierter werden und der Nervenkitzel nachlässt, kann es passieren, dass wir nicht mehr so leicht wie vorher in den Flow kommen. Deshalb steigern wir oftmals die Extremität von dem, was wir tun und sichern damit den optimalen Motivationszustand.

Darin liegt jedoch auch eine gewisse Gefahr. Denn Extremsportarten bringen Risiken mit sich. Wenn wir uns im Moment verlieren, vergessen wir Zeit und Raum. Wir nehmen oft unsere Erschöpfung nicht wahr. Wir sind vielleicht dehydriert und befinden uns bereits seit zwei Stunden an der Felswand. Das sind die Momente, in denen Fehler passieren, die Kraft schwindet und das Verletzungsrisiko steigt.

Wenn wir diese Ermüdung beim Malen erleben, schlafen wir einfach über der Leinwand ein. Die Konsequenzen sind sehr viel weniger dramatisch. Wir wachen vielleicht mit einem bunten Muster im Gesicht wieder auf, aber wir schweben nicht in Lebensgefahr.

Beim Extremsport ist das anders. Deshalb sind auch hier Achtsamkeit und Selbsterkenntnis wichtige Werkzeuge, um den Flow voll auskosten zu können, ohne ein erhöhtes Risiko einzugehen.

Egal, was es ist, was dich in den Flow katapultiert, geh dafür los – aus vollem Herzen! Lerne dich selbst besser kennen und sei achtsam. So findest du immer mehr Hebel, die du in Bewegung setzen kannst, um den Fluss zu erhalten.

Emotionen

Emotionen sind wie ein Regenbogen.

Wir brauchen alle Farben, um uns lebendig zu fühlen.

Es gibt keine Freude ohne Trauer.

Wir kennen das Gefühl von Zufriedenheit erst, wenn wir wissen, was es bedeutet, unglücklich zu sein.

Es gibt keine Höhen ohne Tiefen.

Keine der Farben ist gut oder schlecht.

Das, was einer Emotion ihre Bedeutung gibt, ist unsere eigene Interpretation.

Leid wird durch den Widerstand erzeugt, das zu fühlen, was sich zeigen möchte.

Sei präsent und nimm jede einzelne Farbe des Regenbogens in ihrer Einzigartigkeit wahr.

Wenn wir uns einer Emotion vollständig hingeben und sie nicht mit weiteren Gedanken befeuern, können wir sie in wenigen Augenblicken loslassen. Vergeude also nicht eine ganze Woche deiner kostbaren Lebenszeit.

Nimm das ganze Spektrum an und du wirst den Schatz am Ende des Regenbogens finden.

Emotionen bringen uns in Bewegung oder halten uns von einer Bewegung ab. Sie sind Ressourcen für unseren gesamten Lebensweg. Denn wir können sie als Antreiber, als Katalysatoren für unseren Herzensweg nutzen. Wenn wir sie jedoch nicht verstehen und uns ihnen ausgeliefert fühlen, können sie uns auch genau daran hindern, unser Potenzial zu leben.

Emotionen können uns befeuern, sie können uns aber auch ersticken, wenn wir in den Widerstand gehen. Wie wir das Feuer nutzen und bremsende Emotionen transformieren können, ist ein weiteres Element auf dem Weg zu unserer Entfaltung.

Emotionen machen uns lebendig.

Sie sind unser Kompass und sind bedingungslos FÜR uns.

Ohne die gesamte Palette wären wir orientierungslos.

In dem Wort „Emotion" steckt „motion" – Bewegung. Emotionen bringen uns also dazu, uns in eine bestimmte Richtung zu bewegen. Sie sind die Antreiber für „hin zu" oder „weg von". Emotionen machen uns handlungsfähig. Sie motivieren oder blockieren. Sie entsprechen unserem motivationalen Annäherungs- oder Vermeidungsverhalten. Denn alles, was wir tun, entspringt aus einer Bedürfniserfüllung. Wir wollen uns also etwas annähern oder von etwas wegkommen.[9]

Es gibt keine guten oder schlechten Emotionen.

Eine Emotion ist wie eine Himmelsrichtung auf einem Kompass.

---

[9] vgl. Schüler et al., 2020, S.143

Das, was sie im alltäglichen Sprachgebrauch als „gut" oder „schlecht" erscheinen lässt, ist unser Erleben. Dieses wiederum ist das Ergebnis unserer eigenen Bewertung. Die Interpretation entsteht aus vergangenen Erfahrungen, z.B. aus der Kindheit oder aus sozialen Normen.

Es ist die Verknüpfung der Emotion mit einer vergangenen Erfahrung, die sie uns als „gut" oder „schlecht" einstufen lässt. Sie ist gekoppelt an etwas, was nicht mehr ist und an etwas, das wir heute ganz anders erleben können.

Wir können Emotionen neu bewerten.

Dazu müssen wir es jedoch erst einmal schaffen, Abstand zu der Emotion zu gewinnen und unsere herkömmliche Interpretation zu identifizieren. Die neue Bewertung kann danach erfolgen. Dies erfordert einige Übung und Integration. Mit der Zeit können wir also die veraltete Bewertung von Erinnerungen durch ein neues Erleben in unserer aktuellen Realität ersetzen.

Es gibt jedoch Gefühle, die wir als sehr unangenehm empfinden. Wir neigen dazu, sie „wegmachen" zu wollen. Doch ohne zu fühlen, wären wir nicht die, die wir sind. Wir machen menschliche Erfahrungen auf dieser Welt, gerade, weil wir fühlen können.

Wenn wir auf hoher See in einen Sturm geraten und der Kompass „Norden" anzeigt, werfen wir ihn ja auch nicht einfach über Bord, nur weil uns die Richtung nicht gefällt. Ohne Orientierung wären wir den Turbulenzen auf dem offenen Ozean komplett ausgeliefert.

Wie ein Kompass haben auch Emotionen eine Funktion.

Eine Emotion hat dabei immer eine mentale und eine physische Komponente, die zu einem Verhalten führen. Durch sie bewegen wir uns auf etwas zu oder von etwas weg. Wir fühlen uns sicher oder wir entfernen uns, um woanders Schutz zu finden. Wir verteidigen Grenzen und stehen für uns ein. Wir kommunizieren unsere Befindlichkeiten und Bedürfnisse über unseren Körper (Körperhaltung, Gestik, Mimik) und empfangen diese Botschaften von unseren Mitmenschen.

Als Grundemotionen gelten Trauer, Wut, Freude, Ekel, Angst, Überraschung, Fürsorge und Spiel. Durch unser soziales Umfeld entwickeln sich daraus weitere Emotionen. Dazu zählen Schuld, Scham, Neid, Eifersucht, Stolz, Mitgefühl und Vertrauen.[10]

Das bedeutet, dass wir einige dieser Emotionen erst durch Bewertung entwickeln. Diese wiederum entsteht aus den Erfahrungen, die wir in unserem sozialen Umfeld machen, wie wir konditioniert und erzogen werden. Entscheidend ist auch, in welcher Kultur wir aufgewachsen sind. Denn die Mentalität bestimmt maßgeblich, wie wir alltägliche Dinge wahrnehmen. Emotionen können je nach kulturellem Kontext sehr unterschiedlich bewertet werden und somit andere soziale Normen aufweisen.

Um Emotionen förderlich für uns zu nutzen, ist es hilfreich, einige der Funktionen zu verstehen. Ich beschreibe an dieser Stelle eine Auswahl an Emotionen, die häufig als schwierig oder unangenehm empfunden werden. Vielleicht gelingt es dir allein durch das erweiterte Verständnis ja morgen schon besser, sie als fürsorgliche Botschaften zu erkennen.

---

[10] vgl. Reichhart; Pusch, 2023, S.161

Wir alle haben die Tendenz, bei Unruhe und Erschöpfung zu kompensieren. Wir möchten weiter funktionieren und übergehen damit das dahinterstehende Bedürfnis mit Kaffee oder anderen stimulierenden Dingen. Doch das, was der Körper in dem Moment wirklich braucht, ist Regeneration. Er möchte sich erholen und deshalb spüren wir auch weniger Antriebskraft. Dieses Bedürfnis können wir zum Beispiel mit einer Pause, Schlaf oder anderen erholungsfördernden Aktivitäten erfüllen.

Wut ist eine weitere Emotion, die wir gerne einmal unterdrücken. Oder es zumindest versuchen. Nicht zuletzt aus dem gesellschaftlichen Kontext heraus. Wut hat einen schlechten Ruf und wird oft abgewertet oder verurteilt. Dabei ist sie ein so wichtiges Gefühl, das viel Energie mobilisiert. Hinter der Wut steht das Bedürfnis nach Autonomie. Wir fahren also alle unsere Systeme hoch, um Grenzen zu setzen und diese zu verteidigen. Oft werden wir wütend, wenn eine unserer Grenzen bereits verletzt wurde.

Hinter Einsamkeit steht hingegen das fehlende Gefühl nach Zugehörigkeit und Anschluss. Sie ruft dazu auf, sich mit anderen Menschen zu verbinden, mit Menschen, die in einem das Gefühl der Verbundenheit hervorrufen. Auch fühlen wir uns manchmal hilflos. Diese empfundene Hilflosigkeit ruft dazu auf, Sicherheit anzustreben. Das kann zum Beispiel durch Planung, Struktur oder die Suche nach Unterstützung gelingen. Hingegen entsteht Frustration, wenn wir eine Sinnhaftigkeit spüren wollen oder einen Ausgleich brauchen.[11]

Emotionen sind komplex und können auch maskiert sein. Das bedeutet, dass ein anderes Gefühl gezeigt wird, als tatsächlich

---

[11] vgl. Reichhart; Pusch, 2023, S.161

dahintersteckt. Zum Beispiel kann sich Wut als Trauer oder Trauer als Wut zeigen. Die vorangegangene Auswahl soll dir lediglich einen kleinen Überblick verschaffen, einen Impuls geben und dir helfen, das Prinzip zu verstehen. Wenn du mehr darüber erfahren möchtest, gibt es eine ganze Reihe von Büchern und Fachartikeln, die sich sehr vertieft ausschließlich mit diesem Thema beschäftigen.[12]

Um in deine volle Kraft zu kommen und dich nicht von schwierigen Gefühlen auf deinem Herzensweg blockieren zu lassen, kannst du lernen, deine Emotionen zu regulieren.

Durch Emotionsregulation kannst du deinen gefühlten, also emotionalen Zustand beeinflussen und wirst wieder zum Regisseur deines Lebens.

Denn du entscheidest, wie du dich fühlen willst.

Der einzige Weg, um eine Emotion wirklich loszulassen, führt durch sie hindurch. Auch ist Emotionsregulation klar von Unterdrückung zu unterscheiden. Denn aufgestaute, nicht gefühlte Emotionen erzeugen eine große Spannung – wie ein Staudamm. Irgendwann bricht die Wassermasse mit ungeheurer, unkontrollierbarer Kraft durch. Das ist dann der Moment, in dem du nicht mehr am Steuerrad deines Schiffes sitzt.

Deshalb ist es wichtig, die eigenen Emotionen zu leben, sie fließen zu lassen und sie neu zu bewerten, sodass sie dir förderlich sind. Wenn du deinem Chef gegenüber Wut verspürst und ein Gespräch so lange hinauszögerst, bis du explodierst, wirst du mit geringer Wahrscheinlichkeit deine Bedürfniserfüllung erreichen.

---

[12] Zum Beispiel „Emotionen als Ressourcen"

Umgekehrt kannst du deine Durchsetzungskraft und dein Selbstvertrauen steigern, wenn du dich grundsätzlich eher klein machst und eine Gehaltsverhandlung ansteht.

Das Potenzial von Emotionen liegt darin, positive Gefühle zu verstärken und belastende Emotionen abzuschwächen.[13]

Drei Stellschrauben stehen uns zur Verfügung. Wir können unser Gefühlsleben über unseren Körper, unsere Gedanken und unser Verhalten regulieren.[14]

Dabei ist alles miteinander verbunden. Alle Komponenten beeinflussen sich gegenseitig. Finde heraus, welche für dich am besten funktioniert. Manche Menschen können sich am besten über ihren Körper regulieren, andere über positive Gedanken.

Wenn du ein unangenehmes Gefühl spürst – sei es Wut, Trauer oder Frustration – achte einmal darauf, welche Körperhaltung du eingenommen hast. Es kann sein, dass du mit knirschenden Zähnen eine E-Mail liest, dabei deine Schultern an den Ohrläppchen kleben und du deine Hände zu Fäusten ballst. Oft passiert das unbewusst, doch es ist das verkörperte Gefühl, das sich zeigt (Stellschraube Körper).

Was denkst du in diesem Moment? Wir sind bei der Stellschraube „Gedanken" angelangt. „Ich schaffe das sowieso nicht", „Was fällt dem eigentlich ein, mir so viel Arbeit aufzubürden?", „Ich hasse Stress". Das sind mögliche Gedanken, die du haben könntest. Offensichtlich sind diese nicht besonders

---

[13] vgl. Reichhart; Pusch, 2023, S.157
[14] vgl. Eckert; Tarnowski, 2017, S.219ff.

förderlich für deine Ausgeglichenheit und auch nicht für einen gesunden Umgang mit dir selbst.

Darauf folgt ein Verhalten. Beobachte dich, wie du auf diese E-Mail reagierst, wenn alle deine Systeme hochgefahren sind. Häufig ist unser Körper schneller als die bewussten Gedanken und schon befinden wir uns in einem reaktiven Verhalten. Lerne dich mit jedem Tag besser kennen und beobachte, wie diese drei Komponenten bei dir persönlich funktionieren.

Doch wie kann man nun an den Stellschrauben drehen?

Oft wissen wir genau, was wir tun können, damit es uns noch schlechter geht. Wir können also unsere Gedanken befeuern, in dem wir alle Negativitäten kultivieren und uns mit allem, was wir empfinden, vollständig identifizieren. Wir können die Anspannung erhöhen, unsere Augenbrauen zusammenkneifen und den Atem stoppen. Wir können aufspringen und den Laptop gegen die Wand werfen. ODER wir machen das genaue Gegenteil von all dem.

Wenn wir unseren angespannten Körper wahrnehmen, können wir uns aufrecht hinsetzen, die Schultern nach hinten ziehen und somit den Herzraum öffnen. Wir können tief in den Bauch atmen und die geballten Fäuste öffnen. Probiere es aus und versuche dich dann noch einmal mit den wütenden Gedanken zu identifizieren. Du wirst feststellen, dass das nicht mehr so leicht ist, wie vorher.

Wir können folglich jeder der drei Stellschrauben mit der „Kopfstand-Technik" begegnen.[15] Somit schaffen wir uns Raum, sicher in die auftauchenden Emotionen hineinzuspüren. Wir

---

[15] vgl. Eckert; Tarnowski, 2017, S.249

können durch verschiedene Körpertechniken ein sicheres Gefühl erzeugen.[16]

Wenn es uns gelingt in diesem Moment aus der Achterbahn der Gefühle auszusteigen, können wir unsere Situation entdramatisieren. Auf mentaler Ebene können wir uns fragen, wie real die empfundene Gefahr wirklich ist. Wir können bewusst förderliche Gedanken füttern und die negativen ersetzen. Bevor wir uns in eine finanzielle Bredouille bringen, können wir auch erst einmal einen Spaziergang um den Block machen und danach immer noch entscheiden, ob es uns weiterhilft, den Laptop zu zerstören. Du weißt, was du brauchst, wer du bist und sein willst.

Es liegt in deiner Hand, was du aus deinen Emotionen und Impulsen machst.

Entscheide dich gegen durchgeknallte Sicherungen und gehe in die Natur. Beruhige dich und räume dir Zeit ein.

Emotionen klingen ab.

Sie erhalten sich nicht für ewig. Gefühle ziehen vorbei, wie Regenwolken. Sie bleiben nur bestehen, wenn du sie nährst.

Verurteile dich nicht, wenn ab und zu eine Sicherung durchbrennt, sondern mache es beim nächsten Mal einfach besser.

---

[16] Anmerkung: diese findest du in dem Kapitel „Nimm deinen Körper mit auf die Reise" und „Heilung"

Ein Gedanke ist ein Gedanke.

Eine Wolke ist eine Wolke.

Das Wetter ist das Wetter.

Die Welt ist NICHT das Wetter.

Und du bist NICHT deine Gedanken.

Lauf also nicht dem Regen hinterher,

sondern halte Ausschau nach der Sonne.

Stress

Warum sollten wir uns mit dem Thema Stress beschäftigen, wenn wir doch einfach nur ungebremst unserem Herzen folgen möchten?

Die Antwort ist einfach. Stress ist eine weitere Stellschraube und Stressregulation ein weiteres Werkzeug in der Tool-Box, um wirklich frei entscheiden zu können. Denn Stress kann uns daran hindern, im Einklang mit dem zu handeln, was wir wirklich wollen. Stress kann uns aus unserer Authentizität herausziehen.

Er macht es uns zudem schwer, neue Verhaltensweisen einzuüben. Denn unter Stress fallen wir schnell in alte Muster zurück. Wenn wir uns über ein paar Dinge bewusst sind, können wir ihn für uns nutzen und dem schädlichen Stress entgegenwirken. In diesem Kapitel erfährst du die wichtigsten Dinge, die du über Stress wissen musst.

Stress hat einen schlechten Ruf. Doch pauschal kann man das so nicht sagen. Denn Stress ist zunächst einmal dazu da, uns überlebensfähig zu machen.

Im evolutionären Sinne aktiviert uns Stress dazu, vor dem Säbelzahntiger zu fliehen oder ihn anzugreifen.

Durch Stressantworten werden wir hochkonzentriert, unser Immunsystem fährt hoch und alle unsere Kräfte werden mobilisiert. Dort wo es möglich ist, Energie zu sparen, werden die Systeme heruntergefahren. Zum Beispiel setzt unsere Verdauung aus, auch sinkt unser Kalorienumsatz unter Stress und einige Hirnfunktionen bekommen eine untergeordnete Rolle.

Während wir an einem steilen Abhang stehen, denken wir nicht darüber nach, was wir zum Mittag essen wollen. Die Prioritäten verschieben sich zugunsten des Überlebens und die Handlungsplanung (im Bereich des präfrontalen Kortex) wird unwichtig. Wir erleben eine starke Anspannung fast überall in unserem Körper – die Blase ausgenommen. Diese entspannt sich und wir müssen alle fünf Minuten auf die Toilette. Gleichzeitig steigt beispielsweise der Blutzuckerspiegel, wir produzieren als Immunreaktion mehr Magensäure und unsere Atmung wird schneller. Dabei sinkt unser Schmerzempfinden. Alle beschriebenen Effekte werden durch die Neurotransmitter Adrenalin, Noradrenalin und Cortisol eingeleitet.[17]

Kurzfristig befähigt uns Stress somit zu hohen Leistungen.[18]

Stress an sich ist nicht ungesund und gehört einfach zu unserem Leben dazu. Wir können ihn weder vermeiden noch bekämpfen. Wenn wir seine Funktionen verstehen, macht das auch keinen Sinn mehr, denn schließlich wollen wir ja leistungsfähig und überlebensfähig bleiben, oder? Wie oft hat er uns schon unter Druck klar denken lassen? In welchen Situationen haben wir auf einmal einfach funktioniert und in kurzer Zeit wunderbare Lösungen gefunden?

Solange nach der Stressaktivierung wieder eine Entspannungsphase kommt, ist Stress unbedenklich. Schädlich

---

[17] vgl. Eckert; Tarnowski, 2017, S.25f.
[18] vgl. ebd., S.23

wird es erst, wenn er chronisch auftritt. Dann, wenn wir uns nicht mehr regenerieren können. Dann, wenn alle unsere Systeme dauerhaft auf Alarmbereitschaft stehen. Dann, wenn er uns nicht schlafen lässt. Auf Dauer kann Stress uns emotional erschöpfen, unser Immunsystem schwächen und zu Krankheiten, wie z.B. Diabetes (Typ II) führen oder das Herzinfarktrisiko erhöhen.[19]

Wir können also festhalten, dass es förderlichen und dysfunktionalen Stress gibt. Der „gute" Stress wird auch Eustress genannt. Es ist der euphorisierende, aktivierende Stress, der uns zugutekommt. Hingegen ist der „schlechte" Stress zermürbend und auf Dauer gesundheitsschädlich. Dieser wird Disstress genannt. Aus dieser Erkenntnis kannst du dir mitnehmen, dass du auf den Zug des Eustresses eine Weile aufspringen und dich von ihm tragen lassen kannst. Spring ab, bevor du fünfmal um die Welt gefahren bist. Zieh die Notbremse, wenn der Eustress in Disstress umschlägt oder sich von Anfang an wie belastender Stress anfühlt.

Doch wie kann dir das gelingen?

Um Stress zu regulieren, gibt es problem- und emotionsorientierte Lösungen. Problemorientiert bedeutet, dass wir die äußeren Umstände anpassen können. Das kann bedeuten, aus einer Situation herauszugehen, den Job zu wechseln oder die Musik leiser zu drehen. Emotionsorientiert hingegen bezieht sich auf die innere Arbeit. Wie du im Kapitel über die Emotionen erfahren hast, stehen uns dafür die Regulation über die Gedanken, das Verhalten und den Körper zur Verfügung. Wichtig dabei ist, unterscheiden zu lernen, was du davon beeinflussen kannst und was nicht.

---

[19] vgl. Eckert; Tarnowski, 2017, S.86

Verändere das, worüber du die Kontrolle hast, und übe dich in der Annahme dessen, was du nicht in der Hand hast.

Stress entsteht durch unsere eigene Bewertung.

Wir erleben einen Impuls. Dann interpretieren wir ihn. Wir analysieren, ob er Gefahr bedeutet oder nicht. Diese Bewertung verläuft häufig unbewusst und in Millisekunden. Je nach Ergebnis der Interpretation werden wir für eine Handlung aktiviert. Diese zeigt sich dann innerhalb der Reaktion. Reiz, Bewertung, Reaktion. Das ist die Abfolge, die Stress entstehen und aufrechterhalten lässt.

Nun sind wir dem aber nicht einfach so ausgeliefert. Wir können wieder das Ruder übernehmen, indem wir uns zwischen Reiz und Reaktion, also bei der Bewertung, Zeit verschaffen. Wenn wir es schaffen, innezuhalten und unsere Bewertung zu reflektieren, können wir diese auch verändern. So haben wir Einfluss auf unsere Reaktion. Dadurch können wir selbst entscheiden, wie wir uns fühlen wollen, welche Gedanken und Verhaltensweisen wir pflegen wollen.

Eine veränderte Bewertung verändert alles.

Sie lässt alte Sichtweisen in einem neuen Licht erscheinen, sie löst Filter auf und ist der erste Schritt, um Konditionierungen zu überschreiben. Genau das können wir mit Achtsamkeit und Entspannung erreichen.

Wenn wir glauben, keine Zeit für eine Pause zu haben, brauchen wir sie erst recht. Denn je länger wir weitermachen, desto schneller dreht sich unser Gedankenkarussell. Stress treibt es an und wir fallen in alte Denkmuster zurück. Dazu gehören gewisse Sätze und Überzeugungen, die uns nicht anhalten oder aussteigen lassen.

Wir alle haben sie, diese inneren Antreiber. Einige dienen der gesunden Motivation, um unsere Bedürfnisse zu erfüllen und unsere Ziele zu verwirklichen. Andere wiederum sind echte Stressverstärker. Sie blockieren uns in unserem freien Sein, denn viele von ihnen stammen aus der Vergangenheit und haben nichts mehr mit unserer aktuellen Realität zu tun. Sie dienen uns schlicht und einfach nicht mehr. Ursprünglich mögen sie entstanden sein, um unser Überleben zu sichern, als wir noch nicht völlig unabhängig und frei wählen konnten. Jeder kennt diese blockierenden Glaubenssätze, die oft aus der Kindheit stammen, manchmal aber auch aus den Konditionierungen des Erwachsenenlebens.

Wir müssen also erst einmal unterscheiden lernen, was davon uns (noch) dient und was nicht (mehr). Was davon sind Ängste, die uns schützen und was davon sind Blockaden aus der Vergangenheit?

Unsere inneren Antreiber und unbewussten Glaubenssätze haben viele verschiedene Gesichter. Doch fast alle haben die gleiche oder eine ähnliche Wurzel. Eine dieser Wurzeln ist die Liebe. Denn wenn wir uns nicht genug fühlen, entspringt das aus einem Mangel an Liebe, den wir oft als Kind erfahren haben.

Mögliche Glaubenssätze können lauten:

„Ich muss immer funktionieren."

„Ich bin nicht gut genug."

„Ich muss erst durchhalten, bis ich mir eine Pause verdiene."

Wenn wir denken, wir wären nur liebenswert, wenn wir etwas leisten, wurde vielleicht in unserer Vergangenheit Liebe gegen Leistung getauscht. Auch das Gefühl, immer funktionieren zu müssen, hat dieselbe Wurzel. Die westliche Welt hat uns sehr darauf konditioniert, Leistung zu erbringen, durchzuhalten und stark zu sein. Oft verknüpfen wir unseren eigenen Wert mit dem, was wir erarbeiten.

Diese Glaubenssätze werden aus Ängsten heraus aufrechterhalten.

Einen Glaubenssatz und damit eine tiefsitzende Überzeugung aufzulösen, hat also immer etwas damit zu tun, den Mut zu finden, sich einer Angst zu stellen. Dazu müssen wir unseren Ängsten auf den Grund gehen.

Denn wovor haben wir eigentlich Angst?

In dem Beispiel „Ich muss immer funktionieren." haben wir die zunächst unbewusste Angst, abgelehnt zu werden, wenn wir einer (Leistungs-)Erwartung nicht entsprechen. Dahinter steht die profunde und existenzielle Angst als soziales Wesen aus dem Kollektiv (Familie, Arbeit, Freundeskreis,…) ausgeschlossen zu werden. Unser Anschlussbedürfnis wird gefährdet.

Unser Nervensystem sendet uns also ein Signal der Bedrohung und mobilisiert uns physisch sowie mental. Deshalb kann es auch passieren, dass wir scheinbar irrationale Verhaltensweisen an den Tag legen, wenn es eigentlich nur um „Kleinigkeiten" geht. Doch es ist keine Banalität, denn unser Nervensystem aktiviert uns in diesen Momenten für das pure Überleben.

Das dürfen wir anerkennen und erst einmal annehmen, was ist. Nämlich das Vorhandensein dieses Glaubenssatzes und die damit verbundene Aktivierung von Emotionen.

Doch dazu müssen wir erst einmal aussteigen, aus der Achterbahn des Stresses. Nur so können wir uns bewusstwerden, was wirklich vor sich geht. Es ist der einzige Weg, um zu erkennen, dass die Dringlichkeit aus dem Stress selbst generiert wird.

Erst wenn wir entschleunigen, können wir feststellen, dass es sich um diese Aktivierung handelt und wir die erlebte Situation mit unserem heutigen Wissens- und Erlebensstand vielleicht ganz anders bewerten würden. Nur so spüren wir das Gefälle von unserer Reaktion und der aktuellen Interpretation des Reizes.

In der Entschleunigung entsteht der Raum, eine neue Bewertung einüben zu können.

Tool: Der Gedankenanker[20]

Der Gedankenanker ist ein Werkzeug, um dich zurück in einen angenehmen, emotionalen Zustand zu bringen und um ein gewünschtes Gefühl zu nähren

Wähle eine Situation deiner Wahl, in der du ein positives, bestärkendes Gefühl erlebt hast.

---

[20] vgl. Eckert; Tarnowski, 2017, S.141

Schließe nun deine Augen und empfinde diese Situation mit all deinen Sinnen nach.

Was hast du gesehen? Gerochen? Geschmeckt?

Hast du Geräusche wahrgenommen?

Wie hat die Umgebung ausgesehen?

Hast du den Wind oder die Sonne auf deiner Haut gespürt? Vielleicht eine warme Berührung?

Lass dir Zeit.

Rufe deine erinnerten Wahrnehmungen so lange auf, bis die Ankersituation wirklich präsent ist.

Sehr gut! Der Anker ist jetzt gesetzt.

Rufe ihn so häufig wie möglich auf. Mindestens einmal am Tag.

Du wirst sehen, dass es von Mal zu Mal leichter wird.

Wenn das gut funktioniert, kannst du jetzt auch in stressigen Situationen darauf zurückgreifen.

Du hast deinen Gedankenanker immer dabei.

Wirf ihn aus, wenn du ihn benötigst.

Er ist dein individuelles Tool, um in gewissen Situationen gelassener zu bleiben.

Mach mal Pause

Mach mal Pause von deinen eigenen Gedanken. Glaube nicht alles, was du denkst. Das bist du nicht.

Mach mal Pause von dem Immer-Funktionieren-Wollen. Schicke deine stärksten inneren Antreiber doch einfach mal in die Hängematte. Du bist keine Maschine und das ist gut so.

Mach mal Pause von dem ganzen Lärm, flimmernden Bildschirmen und Overwhelm.

Mach mal eine Pause, die dir wirklich dient.

Mach mal Pause, bis du eine Pause von der Pause brauchst.

Mach mal Pause vom Nicht-Pause-machen.

Mach mal Pause vom Wachsen und Verändern – von all der Dynamik und stets bewegten Welt.

Du hast jetzt Pause und darfst einfach nur sein.

Manchmal ist eine Pause das Produktivste, was wir tun können.

Lasst uns also mehr NICHTS tun!

NICHTS zu tun ist wesentlich, eine Lebenskompetenz und mindestens so produktiv wie viel zu tun.

Warum ist das so?

1. Wir tun nie nichts.

Auch wenn wir es nicht mitbekommen: unbewusste Arbeits- und Denkprozesse sind beim Nichts-Tun on Fire!

Reflektiere einmal für dich selbst: Wann hast du die besten Ideen? Wann verstehst du plötzlich die kompliziertesten Zusammenhänge? In welchen Momenten wird dir auf einmal alles klar?

Genau, es ist unter der Dusche, nach einem Mittagsschlaf, bei einem Spaziergang, nach dem Sport oder morgens beim Aufstehen. In diesem tiefen Entspannungszustand arbeiten unbewusste Prozesse in unserem Gehirn auf Hochtouren. Wir assoziieren, lernen und werden kreativ.

Besonders wenn wir verbissen nach einer Lösung suchen, kognitive Meisterleistungen von uns erwarten, dann verkrampfen wir uns und blockieren genau das, was wir eigentlich wollen. Unter Stress und Druck bauen wir uns Blockaden auf, in der Entspannung lösen sie sich von selbst.

Wir dürfen also viel öfter an unser Unterbewusstsein delegieren und Vertrauen fassen, sobald wir unseren oft überbewerteten Verstand in die Hängematte schicken.

2. Es gibt einen Grund, warum wir manchmal keinen Antrieb spüren und keine Energie haben.

Wir brauchen Regeneration. Das Bedürfnis nach Erholung will erfüllt werden.

Antriebslosigkeit und Erschöpfung haben eine Funktion – nämlich, dass wir nicht mehr weiterlaufen können. Sie sind die Botschaft, dass die Ressourcen aufgebraucht sind mit der Bitte, sie wieder aufzufüllen.

Unser Körper ist bedingungslos für uns.

Wir müssen endlich aufhören, gegen uns selbst zu kämpfen. Das funktioniert auf Dauer sowieso nicht und verstärkt nur den Effekt, den wir eigentlich vermeiden wollen. Wir haben einen physischen Körper, um all die wundervollen Erfahrungen auf dieser Welt machen zu können. Wir können sie mit unserem Körper spüren, mit all unseren Sinnen wahrnehmen. Manchmal wünschen wir uns, nichts zu empfinden. Aber wollen wir das wirklich?

Nur durch unser physisches Erleben sind wir lebendig.

Wir dürfen uns also immer wieder daran erinnern mit unserem Körper zusammenzuarbeiten. Offensichtlich sind wir untrennbar mit ihm verbunden. Verbindung, Harmonie, Anerkennung, Wertschätzung und Dankbarkeit sollten unsere Antworten auf ein Erschöpfungssignal unseres Körpers sein und nicht Kampf, Druck, Kompensation, Ignoranz und Abwertung.

Bilde ein Team, eine Einheit mit deinem Körper und höre ihm zu, wenn er dir etwas zu sagen hat. Genauso wie du es auch in deiner Partnerschaft oder mit deinem besten Freund machst.

3. Entspannung ist ein Türöffner.

In der Entspannung finden wir den Zugang zu uns selbst und zum Loslassen. Loslassen schafft Klarheit. Mit dieser Klarheit haben wir wieder Zugang zu unserer Intuition. Wir spüren wieder, was wir brauchen.

Wenn wir entspannen, treten wir einen Schritt zurück aus dem Strom des Lebens. Alles, was vorher auf uns eingeprasselt ist, können wir nun mit etwas Abstand betrachten. Es wird leiser, wir sehen klarer und nehmen wieder das Gesamtbild wahr. Entspannung verändert die Perspektive. Sie entschleunigt.

Erst in der Entspannung merken wir manchmal, dass wir alle Zeit der Welt haben.

Wenn du denkst, du hast keine Zeit für eine Pause, nimm sie dir erst recht. Wenn du glaubst, dir nur eine halbe Stunde gönnen zu können, nimm dir zwei. Trau dich, dieses Experiment zu wagen, und du wirst feststellen, dass deine Aufgaben nicht dein Leben bestimmen. Du wirst merken, dass sie nicht über deiner Gesundheit und deinem Wohlbefinden stehen. Zudem wirst du die Erfahrung machen, dass du mit aufgeladener Batterie deine Aufgaben mindestens doppelt so schnell erledigen wirst.

Tu weniger, dafür mit mehr Fokus. Du bestimmst die Energie und die Intention, mit der du durchs Leben gehst.

4. Wir können aussteigen.

Nichts-Tun ist der Ausstieg aus der Achterbahn, aus dem Gefühl, fremdgesteuert zu sein und aus Mustern, wie „Ich muss immer funktionieren" oder „Ich muss immer etwas leisten".

Unter Stress verfallen wir leicht in alte Muster, die leicht das Ruder übernehmen. Wir werden von Überzeugungen getrieben, die uns nicht mehr dienen. Wir rennen, um unseren Wert zu beweisen und Liebe durch Leistung zu erhalten. Aber das ist ein Fass ohne Boden und führt nicht zur Erfüllung.

Wenn wir aus dieser Achterbahn aussteigen, können wir erkennen, dass wir diese Muster durchbrechen können, aber dass nur wir selbst diese alten Konditionierungen überwinden können.

Wenn wir sie anschauen, das Pflaster abreißen und die dahinterstehende Wunde an der frischen Luft auf natürliche Weise heilt, erkennen wir, dass wir schon immer liebenswert waren. Solange wir rennen und Passagiere auf der Achterbahn unseres Lebens sind, können wir das nicht erkennen.

Aber wenn wir aussteigen und festen Boden unter den Füßen spüren, merken wir auch, dass wir genauso wertvoll und liebenswert sind, wenn wir nicht leistungsfähig sind.

Und dann geschieht etwas Magisches – wir können die Tage annehmen, an denen wir einfach ruhen und sind. Diese Tage sind genauso lebenswert, wie die Tage, an denen wir erschaffen, gestalten und leisten.

5. *Wir schaffen Raum zum Empfangen.*

Wir haben Ideen aus dem Nichts, wir sind kreativ. Wir haben Zugang zu unserem Wissens- und Erfahrungsschatz, zu unserer Weisheit. Wir gewinnen neue Einsichten durch Reflexion, Kreativität und bereits vorhandenem Wissen.

Wenn wir nicht hinter etwas herlaufen und es erzwingen wollen, schaffen wir Raum, um genau das ohne Energieaufwand zu empfangen.

Manchmal hilft es uns auch, Langeweile zu spüren und diese eine Zeit lang auszuhalten.

Endlich hast du eine lange Weile nur für dich.

Greife nicht zum Handy, sondern schau dir diesen interessanten Raum an, den du geschaffen hast. Wenn du dich nicht ablenkst, wirst du Neues entdecken. Vielleicht beginnst du mit einer Tätigkeit, die dir völlig sinnlos erscheint. Vielleicht kritzelst du eine Zeichnung auf eine alte Rechnung oder räumst ziellos um. Wer weiß, vielleicht entsteht aus dieser Zeichnung eine neue Idee? Wer weiß, vielleicht schaffst du dir auf einmal in deiner Wohnung Platz und gestaltest um, ohne es dir vorgenommen zu haben?

In der Entspannung begegnest du dir selbst. Genieße diese wundervolle Begegnung!

Ein Mantra zum Pause-machen:

Heute bin ich gut zu mir.

Ich werde mir Pausen gönnen und innehalten.

Wenn ich mich kurz verliere,

werde ich mich sanft und ohne Bewertung

ins Hier und Jetzt zurückholen.

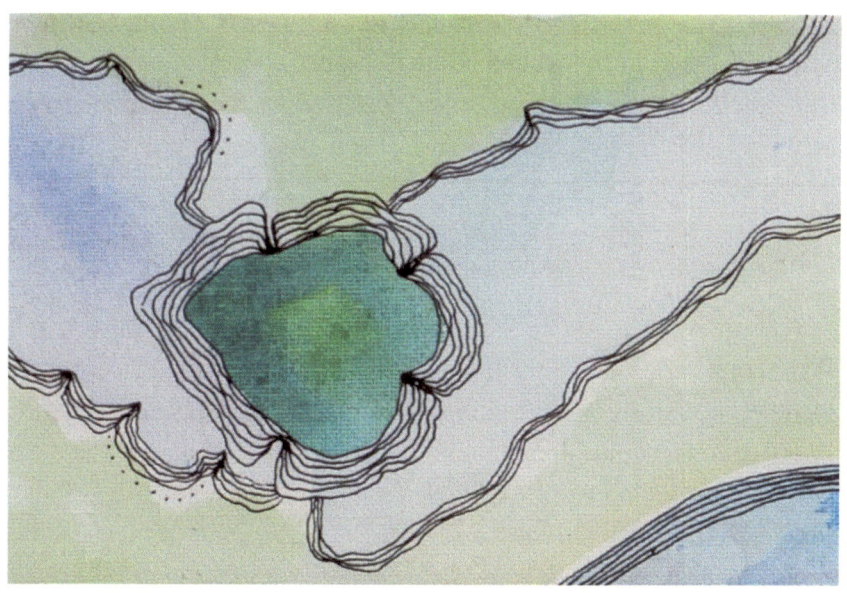

Achtsamkeit und Entspannung

Achtsamkeit und Entspannung sind wichtige Begleiter in unserem Leben und Quellen für unser Herzensanliegen.

Doch warum ist das so?

Wenn wir uns in Achtsamkeit (awareness) üben, vergrößert sich der Hippocampus, der Teil in unserem Gehirn, der uns den Zugriff auf unser Gedächtnis ermöglicht. Auch steigern Achtsamkeitsübungen die Vernetzung mit dem präfrontalen Kortex. Dieser ist für die Handlungsplanung und die Aufmerksamkeitssteuerung zuständig. Es gibt Studien, in denen eine bessere Vernetzung von präfrontalem Kortex und dem Hippocampus sowie ein größeres Hippocampus-Volumen bei buddhistischen Mönchen über bildgebende Verfahren festgestellt werden konnte und somit einen wissenschaftlichen Beweis dafür liefert, dass Meditationen vieles für uns verändern können.[21]

Durch Achtsamkeit bekommen wir die Möglichkeit, aus unseren alten Gewohnheiten auszusteigen.

Wir können einen Schritt zurücktreten aus dem Strom von Gedanken, Gefühlen und sich daran anschließenden Handlungen. Wenn es uns gelingt, achtsam zu sein, erkennen wir, dass es lediglich Gedanken sind. Wir können ihnen einen Namen, ein Label

---

[21] vgl. Eckert; Tarnowski, 2017, S.111f.

geben. Wir können erkennen, dass es nicht wir sind. Unsere Gedanken und Gefühle sind nicht unsere Identität.

Mit Achtsamkeit erschaffen wir uns einen Raum, in dem wir zum Beobachter werden. Wir können die Vogelperspektive einnehmen und mit Abstand wahrnehmen, was geschieht. In diesem Raum haben wir Zeit, die Dinge neu zu bewerten. Wir haben Zeit, uns das bewusst zu machen, was vor sich geht. Wir können also das Steuer in die Hand nehmen und selbst entscheiden in welche Richtung wir das Schiff lenken möchten.

Mit einer Neuausrichtung, einer anderen Interpretation und einer angepassten Bewertung kreieren wir uns eine neue Wirklichkeit.

In Momenten der Achtsamkeit können wir selbst entscheiden, wir können uns von Mustern und Gewohnheiten lösen und den Kurs neu bestimmen. Wenn wir uns eine Vision ausgemalt haben und diese sorgfältig geplant haben, stellt uns Achtsamkeit die Weichen dafür, damit wir nicht vom Weg abkommen. Und wenn dies bereits geschehen ist, können wir durch bewusstes Erkennen unser Handeln anpassen und den Kurs korrigieren.

Wenn wir Achtsamkeit trainieren, z.B. mit Hilfe von Meditationen, ist dies nicht mit Entspannung zu verwechseln. Eine Meditation oder Achtsamkeitsübung kann dazu führen, dass wir uns entspannen. Das ist aber nicht das Ziel. Achtsamkeitsübungen haben kein Ziel.

Das dürfen wir zunächst erkennen. Denn an einem Ziel festzuhalten, irgendetwas erreichen zu wollen, führt oft zu Frust. Wenn wir Achtsamkeit praktizieren, geht es darum, auf die Metaebene zu gelangen, um Gedanken und Gefühle zu beobachten.

Die Funktion von Achtsamkeitsübungen ist, unser Bewusstsein zu erweitern, die Bewusstheit über uns selbst, unsere innere und die äußere Welt.

Es geht darum unsere gewohnten Denkweisen zu erkennen, sie anzuerkennen und sie dann ziehen zu lassen. Wenn wir achtsam sind, können wir uns von ihnen entkoppeln. Sie sind wie Wolken, die wir sehen und spüren. In einem achtsamen Zustand können wir erkennen, dass es das Wetter ist und es vorbeizieht. Sind wir jedoch unbewusst, sind wir oft davon überzeugt, dass wir selbst diese Wolke, dieses Regenwetter sind. Wir fühlen es so stark, dass wir uns damit vollständig identifizieren. Aber das ist nicht die Wahrheit. Es ist das Wetter, das bist nicht du!

An dieser Stelle kommt die Bedeutung der Entspannung ins Spiel. Wenn wir gestresst sind, beginnen wir oft, uns mit unseren schwierigen Gefühlen und alten Gedankenschleifen zu identifizieren. Unsere Bahnung im Gehirn nimmt eine Abkürzung und wir handeln hochgradig reaktiv. Wir werden für Angriff oder Flucht aktiviert. Es bleibt keine Zeit, darüber nachzudenken, ob die Interpretation des Geschehens Sinn macht oder nicht. In diesem Zustand wird der Körper mobilisiert.

Deshalb ist es wichtig, immer wieder in die Entspannung zurückzukehren, wenn wir neue Verhaltensweisen etablieren wollen. Denn alles hängt miteinander zusammen und bedingt sich gegenseitig.

Wenn wir entspannter sind, gelingt es uns besser, achtsam zu sein.

Wir gehen besser mit uns selbst um und tun bereits intuitiv mehr von dem, was uns guttut. Auch fällt es uns leichter, Gewohnheiten zu durchbrechen und neue Bahnungen (primings) in unserem Gehirn zu bilden. Unter Stress kehrt sich dieser Effekt um und wir fallen in alte Muster zurück.

Achtsamkeit und Entspannung hängen also zusammen. Sie sind jedoch zwei unterschiedliche Konstrukte. Durch Achtsamkeit schulen wir unsere Wahrnehmung und können sie gezielt lenken. Wir befähigen uns dadurch, Emotionen zu regulieren. Achtsamkeit stellt daher die Weichen für Entspannung. Wir können uns entspannen, wenn wir uns sicher fühlen und positive Gedanken haben. Solange wir aktivierende Emotionen wie Angst, Wut oder Frust verspüren, werden weiterhin unsere Systeme hochgefahren. Adrenalin, Noradrenalin oder Cortisol treiben uns weiter an. Erhöhter Blutdruck, erweiterte Pupillen, Bewegungsdrang und vieles mehr sind einige der Körpersignale, die wir spüren. Auch positive Gefühle können uns aktivieren. Zum Beispiel, wenn wir eine starke Euphorie empfinden oder verliebt sind.

Wenn wir achtsam und dazu in der Lage sind, unsere Emotionen zu regulieren, können wir all diese Gefühle herunterregulieren und somit Entspannung herbeiführen. Wenn wir uns entspannen, hat unser Körper Zeit und Ressourcen, um sich zu regenerieren. Er kann zur Ruhe kommen, sobald alle Grundbedürfnisse gedeckt sind (Hunger, Durst, Sicherheit).

Gerade in dieser hektischen, stark vernetzten und dynamischen Welt brauchen wir bewusste Pausen, damit unsere Erholung einsetzen kann. Dabei ist es auch wichtig, die Pause „richtig" zu machen, sich eine wirkliche Auszeit zu gönnen. Wenn wir in einer fünfminütigen Pause bei der Arbeit die neuesten Posts auf Instagram lesen, sind wir zwar kurz abgelenkt und spüren unseren Stress und unsere Erschöpfung nicht, aber wir stimulieren unser

Gehirn weiter. Wir führen uns noch mehr Reize zu, obwohl wir meistens genau das Gegenteil brauchen.

Siehe es als Einladung, auch in deinen Mini-Pausen achtsam zu sein. Gehe auf Entdeckungsreise und reflektiere, welche Auszeiten zu mehr und welche zu weniger Entspannung führen. Kultiviere jeden Tag mehr von dem, was dir guttut.

Wenn wir also immer bewusster werden und erkennen, dass unsere Gedanken, Gefühle und Handlungen unsere Welt, die Wahrnehmung unseres Seins und unsere subjektive Realität formen, stellen wir fest, dass wir all das selbst kreieren. Du sitzt am Steuerrad deines eigenen Schiffes.

Du entscheidest, wohin du segeln möchtest und vor allem bei welchem Wetter du die Segel setzt.

Achtsamkeit ermöglicht es uns, neue Gedanken zu kultivieren und damit auch neue Gefühle und Handlungen. Hier in diesem Raum beginnt die Reise in dein neues Leben. Hier kannst du beginnen, Dinge umzugestalten, Altes loszulassen und Neues zu leben. Die Gedanken, die Gefühle und Handlungen, die du hier initiierst, sind deine neue Frequenz. Es ist dein neuer Energiezustand und davon wirst du mehr anziehen, denn nun resonierst du auf einer anderen Ebene.

Wenn du vorher ängstlich warst und dich nun entscheidest Mut zu kultivieren, wirst du jedes Mal für eine mutige Handlung belohnt. Wenn du vorher gehemmt durchs Leben gegangen bist und nun deine Freude lebst, wirst du genau das in deinem Leben vermehren.

Nähre das, wovon du mehr möchtest in deinem Leben.

Fokus

Um unsere Vision langfristig umzusetzen, müssen wir dranbleiben. Es wird immer Ablenkungen oder scheinbar Wichtigeres geben. Scheinbar deshalb, weil es deine Entscheidung ist, wie du deine Prioritäten setzt. In dem Moment, in dem du nicht für deinen eigenen Traum arbeitest, investierst du deine Energie in die Vision eines anderen.

Dein Herzensprojekt nicht an die erste Stelle zu setzen, ist deine Entscheidung darüber, deine Prioritäten jemandem oder etwas anderem zu geben. Richte also immer wieder deinen Fokus auf das aus, was du wirklich aus vollem Herzen willst. Wir müssen eine gewisse Disziplin erlernen, wenn wir sie nicht schon haben. Das ist etwas, was wir zunächst nicht sehen, wenn wir die Menschen um uns herum beobachten, die ihre Vision längst verwirklicht haben. Auch bekommen wir eine verzerrte Wahrnehmung durch die sozialen Medien. Doch lass dich nicht von den Endergebnissen täuschen, die uns allen präsentiert werden. Konzentriere dich auf dich und deinen persönlichen Weg. Zum einen wird deiner anders aussehen. Zum anderen sehen wir nicht, wie viel Schweiß, Arbeit und Disziplin bereits in einen verwirklichten Traum geflossen sind.

Um deinen Fokus halten zu können, mach es dir so einfach wie möglich. Baue Barrieren ab, indem du dir Routinen schaffst und Grenzen setzt. Räume dir Zeit für deine Herzensangelegenheiten ein.

Kreiere dir deinen Space und lasse deine Vision zur Priorität in deinem Leben werden.

Wenn jemand oder etwas versucht, sie dir zu nehmen, verteidige diesen Raum. Tu jeden Tag etwas, um auf deinem Weg ein Stück voranzukommen. Teile den ganzen Weg in kleine Schritte auf.

Tu jeden Tag so viel, wie du kannst – in einer achtsamen Art und Weise. Auch wenn es Tage gibt, an denen du nur zehn Minuten investierst, ist das gut und völlig ausreichend. Denn es geht nicht darum, die Leistung zu messen. Es geht darum, deine Motivation und deine Entschlossenheit aufrechtzuerhalten.

Wenn du es schaffst, jeden Tag ein kleines bisschen an deiner Vision zu arbeiten, richtest du automatisch deinen Fokus darauf.

Erinnere dich daran, wie du neue Gewohnheiten erschaffst und alte hinter dir lässt. Es ist das Trainieren eines Muskels. Wenn du täglich den Muskel des Fokus stärkst, wird es dir ganz bald nicht mehr als anstrengend vorkommen. Es wird von selbst aus dir herausfließen. Es wird zu deinem natürlichen Bedürfnis werden, jeden Tag auf's Neue für deinen Traum loszugehen, wieder aufzustehen und deine Energie in seine Verwirklichung zu lenken.

Mache es dir dabei so leicht wie möglich. Du kennst dich selbst am besten. Du weißt, zu welcher Tageszeit dir etwas leicht von der Hand geht und wann du lieber Siesta machst. Du weißt, wann du dich am besten konzentrieren kannst und in deiner Kraft bist. Du kennst die Dinge, die dich ablenken können. Du kennst deine Stärken und auch deine Schwachstellen. Überlege dir Strategien, wie du deine Stärken am besten einsetzt und wie du deine Schwächen kompensierst oder transformierst.

Arbeite für dich, nicht gegen dich.

Wenn du deinen täglichen Meilenstein erreicht hast, schreibe ihn auf deine "Done"-Liste. Begebe dich in das Gefühl des Erfolgs, der Fülle und danke dir selbst dafür, was du heute geleistet hast. Führe dir deine Vision vor Augen und zelebriere diesen Augenblick, in dem du ihr wieder einen Schritt nähergekommen bist.

Den Fokus aufrechterhalten und eine gewisse Disziplin an den Tag legen, ist wichtig, denn wir alle haben 1000 Dinge, die uns ablenken können. Manchmal erscheinen sie uns auch attraktiver und wir verspüren Widerstände oder Antriebslosigkeit, uns einer Aufgabe zu widmen, die uns erst langfristig dient.

Oft sind unsere kurzfristigen Bedürfnisse und Freuden wie ein Magnet.

Das ist der Moment, an dem wir unseren Muskel trainieren müssen.

Wir alle kennen diese Tage oder Augenblicke, in denen wir einfach keine Motivation finden können. Für diese Situation gibt es keine pauschale Antwort oder klare Regeln. Denn es ist genauso wichtig, die Bedürfnisse nach Ruhe und Pausen zu leben wie sich immer wieder aufzuraffen.

Wir müssen jeden Tag aufs Neue die Brücke bauen und die richtige Balance finden, um uns selbst zu motivieren, uns manchmal auch überwinden und uns antreiben, dabei aber nicht ausbeuten und erschöpfen. Wir dürfen immer wieder loslassen und Vertrauen üben, aber gleichzeitig die Balance halten, nicht den Fokus verlieren oder das gesamte Leben an das Universum delegieren und uns dann zurücklehnen.

Es gibt keine allgemeingültige Aussage, wie genau das auszusehen hat. Aber mit jedem Schritt, den wir gehen, können wir uns auch in diesen Aspekten besser kennenlernen. Wir werden irgendwann unterscheiden können, ob wir einfach keine Lust haben oder ob wir ein echtes Bedürfnis nach Regeneration verspüren.

Es sind die feinen und kleinen Tendenzen, das wachsende Bewusstsein für unsere Gedanken, Gefühle und die persönlichen Zeichen unseres Körpers.

In jedem Fall fällt es leichter, konzentriert zu bleiben, wenn wir weniger Ablenkungen haben und die Reize, die auf uns einprasseln, reduzieren. Denn diese kosten viel Kapazität. Wir brauchen nicht nur mehr Energie, um das Wahrgenommene zu verarbeiten. Sondern uns bieten Einflüsse von außen auch oft Alternativangebote und Impulse, sodass wir viel zu viele Entscheidungen pro Tag treffen müssen. Das zehrt aus und kostet Ressourcen.

Wenn wir also einige dieser Ablenkungen ausschalten, fällt es uns grundsätzlich leichter, uns zu fokussieren. Wir müssen weniger Energie investieren, um uns wieder zu motivieren und in unsere Richtung zu begeben. Selbst wenn wir das Handy umgedreht und lautlos vor uns auf dem Tisch liegen haben, zieht es mehr als 50% unserer Aufmerksamkeit ab.

Wir sind zu so viel mehr fähig, wenn wir an diesen kleinen Stellschrauben drehen. Wenn wir uns gesunde Gewohnheiten und Routinen aneignen, wird es jeden Tag leichter, unsere Energie bewusst auf das zu lenken, was wir nähren wollen.

Das, in was wir unsere Energie investieren, wächst.

Das, was wächst, bekommt mehr Raum in unserem Leben.

Entscheide dich also immer wieder für deine Vision. Mache dir die alten Gewohnheiten, die du ablegen willst, so unbequem wie möglich und die neuen, die dich zu deiner Entfaltung führen, so schön, so leicht und so widerstandslos wie es nur geht.

Umgib dich mit Menschen und Dingen, die deine Vision unterstützen. Fokussiere das, was dich inspiriert und dir Kraft gibt – das, was dich wachsen lässt und dir Impulse für deinen Weg gibt.

Du wirst zu dem, was du tust.

Dein Handeln beginnt mit einem Gedanken, der sich zu einer Idee oder zu einer Überzeugung formt. Aus dieser entspringt die Motivation, sich etwas zu nähern oder sich von etwas zu entfernen. Wir richten uns also danach aus. Wir bewegen uns buchstäblich auf das zu, was seinen Ursprung in einem Gedanken hat.

Fokussiere dich immer wieder auf das, was du wirklich erschaffen willst. Konzentriere dich auf das, was dich zu der Person macht, die du sein willst.

Nimm deinen Körper mit auf deine Reise

Bei all der mentalen und spirituellen Arbeit dürfen wir nicht vergessen, unseren Körper mitzunehmen. Wir müssen immer wieder Brücken bauen, um Körper, Geist und Seele in den Einklang zu bringen.

Körper, Geist und Seele sind untrennbar miteinander verbunden. Sie verkörpern sich gegenseitig, haben dabei jedoch ihre individuelle Ausdrucksform. Die Anzeichen wahrzunehmen und dann auch auf sie zu hören, ist Teil der Lebensreise. Jede Erfahrung, jedes körperliche Signal gibt uns die Chance, uns selbst und unseren Körper besser kennenzulernen.

Wer seinen Körper nicht spürt, der verbringt sein Leben im Kopf.

Zunächst dürfen wir anerkennen, dass unser Körper bedingungslos für uns ist. Er zeigt uns an, was wir brauchen und was uns guttut. Er möchte uns die Richtung weisen für einen gesunden, authentischen Weg.

Doch besonders wenn wir Schmerzen haben, Stress empfinden oder unser Körper nicht so funktioniert, wie unser Geist es sich in dem Moment wünscht, versuchen wir oft gegen unseren Körper anzuarbeiten. Wir beginnen zu kompensieren – mit Kaffee, Zucker, Schmerztabletten, Alkohol, Netflix, exzessivem Sport.

Ablenkung und Unterdrückung sind die Mittel, um die Anzeichen kurzfristig nicht zu spüren. Über einen kurzen Zeitraum funktioniert diese Strategie des „Nicht-Fühlen-Wollens" auch.

Somit ist sie kurzzeitig funktional und deshalb so verlockend. Doch jeder kennt es. Es gibt eine Grenze. Irgendwann funktioniert die Kompensation nicht mehr und die körperlichen „Beschwerden" potenzieren sich. Die kurzfristige Lösung entzieht uns mehr Energie und schädigt uns mehr, als dass sie unser Wohlbefinden steigert.

Die sogenannten „Beschwerden" sind jedoch liebevolle Botschaften an uns.

Das vergessen wir oft in den Momenten, in denen wir uns nicht gut fühlen. Wir machen unter Stress und Schmerzen eine kognitive Abkürzung und tun einfach alles, was uns hilft, um wieder zu „funktionieren". Oft ist das „Funktionieren" mit Arbeit oder einer anderen Form von Leistung verbunden. Auch kann es aus sozialem Druck, Erwartungen von außen oder an sich selbst entstehen.

Wenn wir der Sache auf den Grund gehen, steht hinter all diesen Motiven und (Stress-)Antreibern die tiefen Grundbedürfnisse nach Liebe, Wertschätzung und Zugehörigkeit. Wir leisten, um nicht ausgeschlossen zu werden. Wir leisten, um genug zu sein und um geliebt zu werden. Wir leisten, um unseren Wert zu zeigen, unsere Fähigkeiten unter Beweis zu stellen und damit unseren Selbstwert von außen bestätigt zu bekommen. Wir leisten, um uns eine Pause zu verdienen. Erst die Arbeit, dann das Vergnügen. Aber diese Rechnung geht nicht auf. Denn sie ist ein Fass ohne Boden.

Während wir also versuchen, unseren Körper weiter zu mobilisieren, um diese Verletzungen, Minderwertigkeitsgefühle, Ängste und Sorgen nicht spüren zu müssen, erschöpfen wir uns weiter. Denn wir übergehen die Aufforderung nach Entspannung, Bewegung oder uns Zeit zu nehmen, um uns etwas Gutes zu tun.

Jede „Beschwerde" ist also als liebevolle Erinnerung zu verstehen, wieder Körper, Geist und Seele in den Einklang zu bringen.

Auch können wir uns die größten Träume und Visionen ausmalen. Wir können so viel an unserem Mindset arbeiten und jeden Tag Visualisierungen machen. Wir können uns Klebezettel mit Affirmationen in die gesamte Wohnung hängen und manifestieren so viel wir wollen. Wenn wir unseren Körper nicht mitnehmen, bleiben all unsere Anstrengungen ohne Ergebnis. Denn tiefe Überzeugungen mobilisieren unseren Körper oder blockieren ihn. Sie führen zu Krankheiten, wenn wir sie nicht in ein harmonisches Zusammenspiel in unserem System integrieren.

Würde man alle Fasern unseres Nervensystems aneinanderreihen, ergäbe sich eine Strecke von 780.000 Kilometern. Dies ist die Distanz von der Erde bis zum Mond und zurück.[22]

Ziehen wir einen Vergleich zur Größe unseres Ratios, ergibt sich folgendes Bild:

Das Nervensystem ist so groß wie ein Fußballfeld, während unser Verstand in unserem Gehirn die Größe einer Erbse hat.

Wenn wir also hochkonzentriert, fokussiert und zielstrebig unser Ziel verfolgen, alle geplanten Schritte abgearbeitet haben, dann aber eine unvorhergesehene Hürde auftaucht und wir plötzlich in Selbstzweifel, Mangelgedanken, Ängste und Zweifel verfallen, dann passiert das nicht, weil unsere Vision von Anfang an eine Schnapsidee war. Nein, es passiert, weil wir an eine alte Wunde, eine alte Gewohnheit oder einen Trigger gekommen sind, auf die

---

[22] vgl. Mihlan, 2015, o.S.

unser Nervensystem mit seinem herkömmlichen Programm reagiert. Wir können uns dessen sogar bewusst sein, aber es gelingt uns in diesem Moment nicht, es mit purer Willenskraft zu ändern.

Wer kennt es nicht? Wir wissen, uns würde ein Spaziergang besser tun als eine Stunde auf Instagram. Wir wissen, wir lieben unseren Partner, zetteln trotzdem eine Diskussion an. Wir wissen, Obst und Gemüse tut uns besser als Schokolade.

Mache dich nicht fertig dafür, wenn du manchmal gegen deinen eigentlichen Plan, gegen deine tiefe Überzeugung handelst oder kurzfristig kompensierst. Wenn du mal einbrichst, sei gut zu dir, anstatt deinen inneren Kritiker anzufeuern.

Fußballfeld gegen Erbse.

Wer gewinnt?

Rufe dir dieses Bild ins Gedächtnis, wenn du vermeintlich „versagt" hast.

Wir brauchen Zeit, Hingabe und physische Integration bis wir neue Gewohnheiten, Denk- und Verhaltensweisen eingeübt haben. Wir müssen diese neue Bahnung in unserem Gehirn trainieren, bevor sie zu unserem neuen Programm wird. Dazu können wir uns auf körperlicher sowie geistiger Ebene regulieren.

Wenn wir vergangene Erfahrungen als Spannungen in Form von Ängsten, Wut oder Trauer in unserem Körper gespeichert haben, die unseren Träumen widersprechen, werden wir nicht weiterkommen, wenn wir ausschließlich mentale Arbeit leisten. Wir können noch so ambitioniert und diszipliniert sein, doch ohne den Körper mitzunehmen, werden wir nicht die gewünschte Veränderung herbeiführen. Denn wie bereits erwähnt, können wir die physische von der psychischen Ebene nicht trennen. Somit macht sich auf körperlicher Ebene das bemerkbar, das wir seelisch und geistig kultivieren oder auch nicht beachten. Umgekehrt gilt es genauso.

In der Psychologie und der Kognitionswissenschaft wird diese Perspektive als „Embodiment" bezeichnet. Zusammengefasst geht es um die Verkörperung psychischer Prozesse, wobei Prozesse auf psychischer und physischer Ebene untrennbar miteinander verbunden sind und bidirektional wirken.[23]

Es besteht also eine Wechselwirkung zwischen Geist, Körper und darüber hinaus eine Interaktion mit der Umwelt. Es gibt eine Erweiterung dieser Sichtweise, die nach neuem Verständnis auch als 4E-Cognition bezeichnet wird. Zunächst ist Kognition (Denken, Erinnern etc.) verkörpert (embodied). Darüber hinaus steht diese in einer dynamischen Interaktion mit der Umwelt und basiert auf sensorisch-motorischen Schleifen, also Wahrnehmungen und Bewegungen (enactive). Dies passiert abhängig von einem Kontext oder einer Situation (embedded) und erweitert (extended). Mit letzterem ist die Nutzung unserer Umwelt sowie von Werkzeugen und Computern als „Erweiterungen des Geistes"[24] gemeint.

Kognition kann sich also über die körperlichen Grenzen hinaus erweitern und ist keinesfalls auf den physischen Körper oder das Gehirn limitiert.[25]

An diesem letzten Punkt schließt sich die Komponente der Seele an. Es ist dir überlassen, wie sehr du es in den spirituellen Kontext einordnen möchtest. Doch es ist eine weitere Referenz

---

[23] vgl. Tschacher; Bannwart, 2021, S.75
[24] Tschacher; Bannwart, 2021, S.75
[25] vgl. ebd., 2021, S.74ff.

dafür, dass wir zweifellos mit unserer Umwelt in Resonanz stehen. Wenn wir das mit der Erkenntnis über Frequenzen und Gehirnwellen kombinieren, werden neue Bewusstseinsräume sowie Formen der Kommunikation eröffnet.

Eines können wir auf jeden Fall festhalten:

Unser Körper ist unglaublich intelligent, kreativ und kommuniziert mit uns. Manchmal muss er uns starke Signale senden, damit wir endlich zuhören.

Beispielsweise kann eine Blasenentzündung ein seelisch ungeheiltes Leid verkörpern. Etwas auf seelischer Ebene geht einem an die Nieren und drückt sich embodied über den Körper aus. Rückenschmerzen kann eine Form sein, zu kommunizieren, dass eine emotionale Last zu schwer ist. Nächtliches Zähneknirschen kann anzeigen, dass wir denken, weiterhin die Zähne zusammenbeißen zu müssen.

Unser Körper ist unser Gedächtnis, das nichts vergisst.

Wir verkörpern das, was wir denken, fühlen und erlebt haben. Somit kreieren wir auch durch das Embodiment unsere Realität. Schmerz, Stress, Leid, Beschwerden – all das sind Einladungen für eine höhere Bewusstwerdung. Wir werden durch unseren Körper dazu aufgefordert, genau hinzuschauen.

Aber wäre es nicht viel schöner, so achtsam mit ihm und damit mit uns selbst umzugehen, dass wir die Anzeichen frühzeitig erkennen?

Wir müssen nicht leiden.

Wir dürfen in Gesundheit, im Frieden mit uns selbst und in Harmonie mit unserem Körper leben. Nur weil 90% der Menschen um uns herum, sich selbst ausbeuten und es irgendwie zum guten Ton gehört – ja, jeder bis zum Umfallen rennt, kämpft, arbeitet – heißt es noch lange nicht, dass dies das Maß der Dinge ist. Nur weil die Mehrheit ungesund lebt und getrennt von sich selbst, heißt es nicht, dass wir es auch tun müssen.

Es gibt Momente und Situationen, in denen wir erkennen müssen, wann wir mit dem Flow gehen und uns von der Strömung tragen lassen und wann es nicht der richtige Weg ist.

Wir dürfen aus dem mit Chlor vollgepumpten Swimmingpool aussteigen und erkennen, dass die künstliche Gegenstromanlage nicht die Welle unseres Lebens ist. Vielleicht fühlen wir uns kurz als Außenseiter, wenn wir die Poolparty verlassen. Doch sobald wir am Meer angekommen sind und den warmen Sand zwischen unseren Zehen spüren, kommen wir wieder bei uns selbst und in unserem Körper an. Mit anderen Worten gesagt:

Unser Körper weist uns den Weg.

Er weiß, wenn uns etwas nicht nährt, er weiß genau, was wir brauchen und was gelöst werden will.

Unser Körper ist unsere Quelle der Heilung.

Jeder kennt sie, die Selbstheilungskräfte. Dies betrifft alle Ebenen des physischen und damit auch psychischen Erlebens. Wir weinen beispielsweise, um Spannungen zu lösen. Es gibt verschiedene Theorien zum Nutzen emotionaler Tränen. Nach Freud verhelfen sie zur psychischen Reinigung. Wohingegen Frey sich in seiner Clearance-Theorie auf die Ausscheidung toxischer

Körpersubstanzen fokussiert. Hingegen ist das Weinen laut Murube als Hilfeschrei oder Hilfsangebot zu verstehen.[26] Dies ist lediglich eine Auswahl von einer Vielzahl an Theorien. Jedoch kann man sehen, dass sich diese im Sinne des Embodiments wunderbar ergänzen und sich hinter körperlichen Reaktionen Funktionen erkennen lassen.

"Probleme kann man niemals mit derselben Denkweise lösen, durch die sie entstanden sind."

– Albert Einstein

Das Wunderbare an dem Wissen über Embodiment ist, dass wir uns über eine beliebige Ebene regulieren können.

Wenn die Gedanken kreisen und der Stress im Kopf beginnt, können wir durch einfache Körpertechniken, einen Spaziergang oder eine lange Dusche, Entspannung herbeiführen. Es ist egal, wo genau wir ansetzen:

Gedanken können den Körper regulieren, der Körper kann Gedanken regulieren.

Wiederum kann Stress im Kopf, aber auch im Körper beginnen. Die Richtung ist also nicht entscheidend.

---

[26] vgl. Messmer, 2009, S.598

Diese Erkenntnis bietet ein großes Potenzial für die Regulierung oder die Heilung deiner Themen, denn du kannst herausfinden, was für dich am besten funktioniert.

Nicht für jeden funktionieren Affirmationen. Nicht für jeden funktioniert eine Gesprächstherapie. Nicht für jeden funktioniert die kalte Dusche.

Gehe auf die Suche nach deinen individuellen Stellschrauben und höre dabei auf deine Intuition.

Doch wie genau nehme ich meinen Körper denn mit?

Zunächst einmal brauchen wir ein gewisses Körperbewusstsein, um die Zeichen unseres Körpers wahrnehmen und schließlich auch verstehen zu können. Dieses können wir trainieren und auch ausbauen. Wir können mit jedem Tag bewusster werden. Je mehr wir in uns hineinspüren und uns darin üben, die Körperregionen zu lokalisieren, in denen unsere Emotionen sitzen, desto mehr gelingt es uns, im Einklang mit uns selbst zu handeln.

Wenn also eine Emotion auftaucht, hat sie ihren mentalen Anteil in Form von Gedanken in unserem Kopf und ihren physischen Anteil in Form von Enge, Weite, Kribbeln, tiefer oder flacher Atmung, Spannung etc. in einem Bereich unseres Körpers. Du kannst deine Körperwahrnehmung und damit auch das Bewusstsein über deine Emotionen trainieren, indem du in dich hineinspürst, sobald eine Emotion auftaucht. Wo genau sitzt sie? Wie fühlt sie sich an?

Umgekehrt können Emotionen auch bei Körperübungen wie Stretching oder Yoga auftauchen. Beobachte dich dabei ebenso.

Welche Bewegung und welche (gelöste) Spannung löst vielleicht Gedanken oder bestimmte Emotionen aus?

Oft sitzen unsere Traumata in der Hüfte. Sogenannte Hüftöffner können daher viel (aus-)lösen. Wenn es uns einmal zu viel wird und wir uns nicht mehr emotional sicher fühlen, können wir auch das über die Stellschraube „Körper" regulieren. Hier bietet zum Beispiel die Haltung des Kindes Schutz und Geborgenheit. Denn in dieser Haltung sind unser Herzraum und unsere Halsschlagadern geschützt. Wir sind nicht mehr angreifbar und verletzlich. Dies kannst du also für dich nutzen, wenn es dir einmal zu viel wird. Sobald ein Gefühl der Enge, Angst oder Schutzlosigkeit auftaucht, begib dich in die Haltung des Kindes und beobachte einmal, was mit deinem emotionalen Zustand passiert. Auch gibt es einige Körperpositionen, die dir Stabilität, Kraft oder Erdung geben.

Gehe auf deine eigene Reise mit deinem Körper und lerne ihn immer besser kennen. Wenn dich diese Art der Regulation und Körperarbeit anspricht, dann begib dich auf diesen Weg.

Reiz Flut

Die Magie passiert in Stille.

Dann, wenn Raum entstehen kann.

Ein Raum für dich und deine Rückverbindung.

Ohne Lärm und Ablenkung.

Ein Raum, einfach nur zum Sein.

Da nimmst du sie wahr:

Deine leise innere Stimme.

Unsere Welt ist geprägt von einer enormen Dynamik in allen möglichen Hinsichten. Sie verändert sich stetig, sie ist intransparent und so sehr vernetzt, dass wir nicht mehr durchblicken können. Sie ist schnelllebig, laut, voller Strahlung, Lichtsmog und ungesunder Angebote.

Es ist ein Leichtes sich darin zu verlieren, sich selbst nicht mehr zu spüren. Die vielen Einflüsse schaffen Verwirrung und oft wissen wir nicht mehr, was wir wollen, brauchen oder was uns guttut. Wir sind häufig so sehr gestresst, dass dieser Zugang zu uns selbst und unserem tief verankerten Wissen versperrt wird. Oft nehmen wir noch nicht einmal wahr, dass wir überreizt und verloren sind. Weil es das ist, was wir für normal halten und so gut kennen. Manchmal stehen wir so unter Strom, dass wir Angst haben, innezuhalten, weil wir dann ins Spüren kommen. Auch denken wir, dass wir weiterrennen, weiterkämpfen müssen, um ans Ziel zu kommen.

Aber so manches Mal irren wir uns. Während wir versuchen mit den auf uns einprasselnden Reizen Schritt zu halten, verlieren wir uns immer mehr. Jeder kennt dieses Gefühl – so schnell zu rennen, immer weiter zu laufen, ohne noch zu wissen, wovon er oder sie eigentlich angetrieben wird.

Wenn wir aus vollem Herzen, selbstbestimmt und mit bewussten Entscheidungen unseren Weg gehen wollen, müssen wir in die Stille gehen.

Um unsere eigene Stimme hören zu können, müssen wir den Lärm von außen abschalten.

Je öfter und je mehr wir das tun, desto näher kommen wir uns selbst. Diese Zeit des Seins hat eine transformierende Kraft und hilft uns, ein erfüllteres Leben zu führen.

Unser Bedürfnis nach weniger Reizen wächst auf natürliche Weise, wenn wir die Erfahrung machen, wie wunderschön es ist, zu uns zurückzukehren. In dieser Rückkehr liegt die Klarheit. Wir finden unseren Pfad in dem Urwald an Einflüssen wieder. Wir kehren zurück zu unserem Fokus und unserer Präsenz. Wir sind im Moment. Wir fühlen uns wieder lebendig. Auch können wir wieder spüren, was wir brauchen. Denn wir können zur Ruhe kommen. Wir schaffen es wieder, unsere Stimme, unsere Meinung, unseren Willen von denen der anderen zu unterscheiden. Wir korrigieren unsere Richtung, falls wir uns auf einem fremden Pfad in diesem Dschungel verloren haben und kommen an. Es ist eine Ankunft in unserer Essenz. Es ist ein nach Hause kommen zu unserem puren Sein.

Jedes Mal, mit dem wir diesen Raum der Stille betreten, schaffen wir Nähe zu uns selbst. Wir können uns sammeln, zentrieren und unsere Energie neu bündeln.

Geh weg von der Reizüberflutung und hin zu dir. Werde dir darüber bewusst, welchen Einfluss bestimmte Reize auf dich haben. Beobachte dich selbst. Wir sind alle unterschiedlich. Uns stressen und triggern unterschiedliche Dinge, doch auch sind wir uns alle ähnlich. Niemanden lässt diese bewegte und hektische Welt vollkommen kalt. Wir sind energetische Wesen, wir leben in Resonanz mit unserer Umwelt. Wir werden beeinflusst von dem, was wir aufnehmen, von den Impulsen, die wir empfangen und beeinflussen wiederum die Umwelt mit den Schwingungen, die wir aussenden.

In der Bewusstwerdung liegt das Potential, der eigenen Authentizität und dem damit verbundenen energetischen Fingerabdruck immer näher zu kommen. Mehr Bewusstheit erlangen wir in der Verbindung mit uns selbst. In der Ruhe erkennen wir, sehen klar. In der Klarheit schärft sich der Fokus und auch die Richtung. Wir lassen uns nicht mehr von unnötigen Ablenkungen beeinflussen.

Wenn wir diese Klarheit nicht haben, kann uns alles als Option oder als unser Weg erscheinen.

Sich selbst zurückzuholen und wieder eine klare Sicht zu bekommen, ist eine immer wiederkehrende Aufgabe. Es ist wie das Zähneputzen am Morgen und am Abend. Wir reinigen uns, betreiben Hygiene. Dasselbe müssen wir mit unserem Geist tun, der vernebelt wird durch das Zu-Viel, Zu-Bunt, Zu-Laut, Zu-Undurchsichtig. Es ist eine Herausforderung in der heutigen Zeit. Wir leben in einem großen Wohlstand, sind dennoch so gestresst wie nie zuvor. Es sind die Multioptionen, die Intransparenz, die Unsicherheiten, die schnellen Veränderungen, die uns anspannen lassen. Leicht können wir das Gefühl bekommen, etwas zu verpassen oder eine Chance nicht zu nutzen.

Wir können uns jeden Tag neu erfinden. Dies ist erst einmal eine geniale Möglichkeit! Wir können morgen nach Australien abhauen und dort ein neues Leben beginnen. Wir können uns noch heute neues Wissen aneignen und einen anderen Weg in unserer Karriere einschlagen. Doch wenn wir scheinbar immer alles erneuern können, kann das auch zu einer großen Verwirrung führen. Es gibt tausende verschiedene Lebensmodelle. In diese bekommen wir Einblick.

Jedes Mal, wenn wir uns etwas anschauen, wird es in unserem Gehirn als eine mögliche Handlungsoption ausgewertet. Es ist ein so großes Potenzial, weil wir unglaublich frei leben und entscheiden können. Möglichkeiten zu erkennen und zu entscheiden, mit welchen wir uns identifizieren können und mit welchen nicht, kann uns auch zu mehr Selbsterkenntnis und damit Bewusstheit über unsere Wünsche führen. Doch es kostet auch sehr viel Energie jeden Tag unzählige (unbewusste) Entscheidungen zu treffen. Es ist anstrengend, täglich Milliarden von Reizen zu verarbeiten und diese zu integrieren.

Impulse können uns vorantreiben, uns aber auch aus dem Moment ziehen.

Eine Chance auf Wachstum kann durch zu viele Reize auch in das Gegenteil umkippen. Deshalb müssen wir – gerade heute – achtsam damit umgehen, was wir in unser System hineinlassen. Das „Was" ist wichtig und auch die Menge, um den Drahtseilakt zwischen Reizüberflutung und Inspiration zu schaffen. Zwischen Wachsen und sich nicht selbst verlieren. Zwischen Pause und Aktivität.

Wieder ist die Achtsamkeit der Schlüssel zur Schatztruhe der Balance.

Denn du fühlst anders als ich. Deine Sinnesorgane sind anders ausgeprägt als meine. Deine Erfahrungen und Interpretationen der Wahrnehmungen sind andere als meine. Deine Empfindung der Realität ist eine andere als meine. Das, was du als angenehm empfindest, kann für mich schon zu viel sein oder umgekehrt. Der Effekt, den einzelne Bilder, Töne, Gerüche, Geschmäcker auf dich haben, unterscheidet sich von meinem Erleben.

Deshalb ist der einzige Weg zu unserer Ausgeglichenheit, zum inneren Frieden und dem Kreieren einer Balance in allen Ambivalenzen des Lebens, die Selbsterkenntnis und das Bewusstsein über sich selbst.

Das bezieht Körper, Geist und Seele gleichwertig mit ein.

All diese Stimuli, die wir erfahren, geben Impulse und haben eine spezifische Energie. Wir müssen für uns als Individuum die richtige Mischung zwischen Quantität und Qualität finden. Dies beginnt zunächst mit der Erkenntnis, dass alles, was auf uns einströmt – das, was wir wahrnehmen – etwas mit uns macht. Das „etwas" ist eine Ausrichtung der Frequenz. Reize treiben uns an oder beruhigen uns. Sie sind Motivatoren in die eine oder andere Richtung. Sie entspannen uns oder spannen uns an. Sie stoßen bestimmte Gedanken an und lösen Gefühle aus.

Das Nächste, was uns bewusst werden darf, ist, dass wir dem nicht schutzlos ausgeliefert sind. Wir können eine Wahl treffen. Wir können – zumindest bis zu einem gewissen Grad – entscheiden, welchem von all dem, wir uns aussetzen wollen. Es ist unsere Entscheidung, womit wir unseren Geist füttern. Es ist unsere Entscheidung, was unserem Körper und unserer Seele zugeführt wird. Es ist unsere Entscheidung, welche Stimmung wir nähren wollen. Das bezieht sich auf alles. Angefangen bei der Nahrung, die wir zu uns nehmen, über die Musik, die wir hören, die Filme, die wir sehen, die Nachrichten, die wir konsumieren. Es ist die Auswahl, wem wir auf Instagram folgen und welche

Freundschaften wir in unserem Leben pflegen. Und es sind die Orte, die wir auswählen.

Um eine Wahl treffen zu können, müssen wir uns bewusst Räume schaffen. Nämlich die Räume der Stille, in denen wir aus dem Strudel aussteigen und uns in ruhigere Gewässer begeben.

Du erschaffst deine Realität durch deine persönliche Farbpalette von Impulsen.

Jeder Mensch hat einzigartige Erfahrungen, Werte und Überzeugungen, die seinen Tuschkasten bilden. Sie beeinflussen, wie wir die Welt wahrnehmen und auf sie reagieren.

Deine Entscheidungen sind somit die Regler am Mischpult der eingehenden Reize. Indem wir diese Regler einstellen, beeinflussen wir unsere Emotionen und unsere Umgebung.

Bewusste Entscheidungen können dazu beitragen, mehr Harmonie und Erfüllung in unser Leben zu bringen.

Du drehst am Hebel und regulierst Höhen und Tiefen, Farben und Facetten, Sanftheit und Stärke, Stimulus und Ruhe, Kontraste und Harmonie.

So erschaffst du dir dein eigenes Gleichgewicht zwischen den verschiedenen Farben und Intensitäten – deine selbstdefinierte Balance in deinem Leben.

Frequenzen – Brainwaves

"Alle Lebensformen sind lediglich Energiesysteme, die Signale und Schwingungen aussenden. Ändere deine Schwingung, dann ändert sich dein Leben. So einfach ist das."[27]

– Jasmuheen

---

[27] vgl. Jasmuheen, 2014, S.13

Alles hat eine Frequenz. Jeder Gegenstand um uns herum, aber auch wir selbst.

Unsere eigene Frequenz ergibt sich aus dem Bewusstseinszustand, in dem wir uns gerade befinden, aus unseren tiefsten Überzeugungen, also aus unserem inneren Code und der Emotion, die wir gerade empfinden.

Wir resonieren mit dem, was auf unserer Wellenlänge ist. Die physische Welt folgt dem, was wir energetisch aussenden. Dem, was wir aus dem Innen heraus erschaffen.

Energie wird zu Materie und wir können unsere Wirklichkeit durch die Schwingungen, die wir aussenden formen.

Das ist auch der Grund, warum Energiearbeit so kraftvoll ist. Denn Energie kommt immer zuerst, bevor wir im Physischen das Äquivalent empfangen. Sind wir zur richtigen Zeit am richtigen Ort, bedeutet es, dass wir perfekt abgestimmt und harmonisch schwingen. Manchen mag es wie ein verrückter Zufall erscheinen, doch dahinter steht das Gesetz der Synchronizität, welches einem so manchen magischen Moment bereitet.

Es ist das Momentum, in dem die Quantenphysik der Spiritualität die Hand reicht. Das Verständnis von Energien, Frequenzen und Brainwaves (Gehirnwellen) bildet die Brücke zwischen den Welten, Dimensionen und Zeiten.

Wenn wir dieses Wissen für uns nutzen, wenn wir lernen, die Energien wieder zu spüren, wenn wir uns zurückerinnern, können wir alles erschaffen. Denn mit Hilfe der Energiearbeit und ein wenig Übung, können wir uns jederzeit von unserem analytischen

Verstand lösen. Wir können das Niemandsland betreten. Den Raum, in dem alles möglich ist. Dort, wo wir unsere Bestellung an das Universum aufgeben und uns neu erfinden können. Denn da sind wir losgelöst von der Materie, von unserer physischen Existenz. Wenn wir mit Frequenzen arbeiten und mit dem Bewusstsein, dass alles schwingt, dass alles Energie ist, können wir uns immer wieder auf die entsprechenden Gehirnwellen begeben.

Wir können eine höhere Ebene des Bewusstseins erreichen und somit das nächste Level an Frequenz und Informationen erreichen.

Dort im Quantenfeld ist der Raum, in dem alle Möglichkeiten existieren.[28]

Wir betreten also das pure Potenzial unseres Seins und streben nach Kohärenz. Das heißt, wir schwingen auf derselben Wellenlänge mit dem, was wir anziehen wollen und lassen nun die den neuen Energiezustand zu Materie werden.

Emotionen sind Energien in Bewegung (E-motion), die bestimmte Informationen durch den Raum tragen.[29]

Denn jede Energie ist Frequenz und jede Frequenz transportiert eine Botschaft. Somit senden und empfangen wir ständig Informationen basierend auf unseren Gedanken und Gefühlen. Glück, Freiheit, Liebe, Freude, Wertschätzung und Dankbarkeit sind der Reihenfolge nach, die am höchsten schwingenden Emotionen. Schuld, Scham, Leid, Schmerz und Begierde sind hingegen die am niedrigsten schwingenden.[30]

---

[28] vgl. Dispenza, 2017, S.93
[29] vgl. ebd., S.65
[30] ebd.

Diese speisen sich wiederum aus unseren tiefen Überzeugungen, Erfahrungen und damit aus unserer Programmierung. Das ist auch der Grund, warum wir uns alle mit dem Thema Heilung auseinandersetzen sollten. Heilen im Sinne von Filter und alte Konditionierungen ablegen. Wenn wir durch das Ablegen dieser verzerrenden Schichten zu unserer Essenz zurückkehren, expandieren wir. Denn wir verändern unsere Überzeugungen und damit automatisch unsere Frequenz.

Deshalb können wir auch nicht auf eine Erfüllung aus dem Außen warten. Wir müssen sie aus uns selbst heraus erschaffen.

Wir müssen uns im Überfluss fühlen, um Reichtum anzuziehen. Wir müssen lieben und die Liebe mit jeder Zelle verkörpern, wenn wir sie empfangen wollen. Wenn wir ständig im Mangel sind, ziehen wir genau davon mehr an. Wenn wir Angst spüren, werden wir uns dieses Erleben durch die Erfahrungen und durch die Dinge, die mit uns in Resonanz in diesem Zustand gehen, bestätigen. Denn Gleiches zieht Gleiches an. Es ist das Gesetz der Anziehung.

Auch hier gilt wieder: Der Fokus bestimmt die Richtung und die Qualität der Energie.

Wenn wir achtsam sind und unsere Gedanken und Gefühle beobachten, wenn wir erkennen, wie wir schwingen, können wir darauf Einfluss nehmen. Wir können uns selbst in einen anderen Zustand versetzen. Wir können dies durch Achtsamkeitsübungen tun und uns immer wieder auf das konzentrieren, was wir nähren wollen. Wenn wir zum Beispiel Liebe in unser Leben ziehen wollen, müssen wir uns so oft wie möglich auf diese Frequenz bringen.

Gehe also in das Gefühl hinein. Spüre in deinen Körper, in deinen Herzraum, wie es sich anfühlt, Liebe zu geben und zu empfangen. Spüre es auf allen Ebenen und visualisiere dir das, was du in dein Leben ziehen möchtest. Wenn du das regelmäßig tust, kannst du deine alte Frequenz, die dir nicht mehr dient, ersetzen. Dies bedarf ein wenig Übung und Durchhaltevermögen. Doch probiere es aus. Schon nach kurzer Zeit wirst du kleine Veränderungen feststellen.

Wir können diese Arbeit auch unterstützen, indem wir Frequenzen hören. Mittlerweile gibt es unzählige frei zugängliche Quellen (auf YouTube, Spotify etc.). Liebe zum Beispiel hat eine Frequenz von 528 Hz. Höre diese Frequenzen und bringe dich in die gleiche Schwingung. Du kannst sie nebenbei hören oder zu ihr meditieren und in deine Visualisierungen gehen. Du kannst sie während des Journalns hören und in Worten ausdrücken, was du dir erschaffen möchtest.

Spezifische Frequenzen können uns auch helfen, die Synchronisation der beiden Gehirnhälften wiederherzustellen. Wir können die Kohärenz unserer Gehirnwellen unterstützen und auch die Verarbeitung durch bilaterale Frequenzen unterstützen. Diese stimulieren die Verbindung beider Gehirnhälften durch einen Links-Rechts-Wechsel, wie er zum Beispiel auch in der REM-Schlafphase zu beobachten ist.

Ich höre zum Beispiel jeden Morgen beim ersten Kaffee und meiner Morgenroutine die Schumann-Frequenz. Sie schwingt auf 7.83 Hz. Es ist die Erdfrequenz. Sie hilft mir als hochsensible Person, stabiler durch den Tag zu gehen. Bereits morgens erde ich mich mit dieser Frequenz. Eine direkte Wirkung wie bei anderen Frequenzen spüre ich nicht. Aber ich merke im Laufe des Tages, dass ich wesentlich entspannter und belastbarer bin.

Es existiert für alles eine Frequenz – wie oben bereits erwähnt.

Wir sind energetische Wesen und deshalb hat alles um uns herum eine Wirkung auf uns.

Werde dir dessen bewusst, was du dich aussetzt und was davon du vermeiden oder reduzieren kannst. Beobachte dich selbst. Achte einmal darauf, welchen Effekt es hat, wenn du dein Handy und dein WLAN ausschaltest. Auch Lichtsmog, Elektroleitungen und jegliche Form von Strahlung beeinflussen uns. Der eine mag es vielleicht stärker, der andere nicht so sehr spüren.

Eine kleine Anekdote: Ich hatte jahrelang Schlafstörungen und habe wirklich alles ausprobiert – außer Schlaftabletten, die waren nie eine Option. Baldrian, Autogenes Training, Meditation, Progressive Muskelentspannung, Lesen, Schlaftee... Die Liste ist lang, aber ein geregelter Schlaf hat sich nie eingestellt. Als ich mit dem Bus nach Fuerteventura kam, änderte sich das von einem Tag auf den anderen. Plötzlich konnte ich jede Nacht durchschlafen und wachte ausgeruht auf.

Ich wendete keine Selbstregulierungstechniken mehr an und hörte auch auf, an mir herumzudoktern. Die äußeren Bedingungen ohne Lichteinfluss mitten in der Wüste, ohne Lärmquellen, ohne Strommasten und ohne jegliche Strahlung waren für mich die Antwort. Und auch heute noch schlafe ich in der Natur viel besser, fernab von künstlichen Einflüssen, die unseren Biorhythmus verzerren oder gar zerstören. Ich mag sehr sensibel auf all das reagieren. Doch ich bin davon überzeugt, dass es auf jeden von uns einen Einfluss hat. In meinen Augen ist es vielmehr eine Frage des Bewusstseins darüber.

Ich möchte dich einfach dazu einladen, diese Dinge einmal auszuprobieren und an diesen Stellschrauben zu drehen. Denn diese kleinen Unterschiede können einen großen Effekt haben und ein Ende des Leidensdrucks bedeuten.

Frequenzen und Gehirnwellen sind Begriffe, die oft in der Diskussion über Spiritualität, Meditation und Bewusstseinszustände auftauchen. Gehirnwellen sind elektrische Impulse im Gehirn, die durch neuronale Aktivitäten entstehen. Ihre Frequenzbereiche werden mit bestimmten Bewusstseinszuständen assoziiert. Hier ist eine Übersicht über die verschiedenen Arten von Gehirnwellen und ihre Frequenzen für dich.

Delta-Wellen schwingen von 0,5 – 4 Hz und lassen sich während des Schlafs sowie tiefen meditativen Zuständen messen. In diesem Zustand regenerieren, heilen und erholen wir uns.

Theta-Wellen (4 – 7 Hz) werden mit tiefen Meditationen, spirituellen Erfahrungen und leichtem Schlaf in Verbindung gebracht. Es ist der Zustand, in dem unter anderem auch Hypnose stattfindet. Auf dieser Wellenlänge kann auf unbewusste und intuitive Anteile zugegriffen werden. Dieser Zustand ist typisch für inspirierende und spirituelle Erfahrungen.[31]

Alpha-Wellen bewegen sich im Spektrum von 7 - 14 Hz. Sie sind typisch für einen entspannten Wachzustand. Alpha-Wellen treten

---

[31] vgl. Stibal, 2021, S.30

häufig beim Tagträumen, aber auch bei bestimmten Meditationen auf. Sie verbinden die Zustände von Beta- und Theta-Wellen.[32]

Beta-Wellen (14 – 28 Hz) ermöglichen analytisches Denken. Sie sind verbunden mit Aktivität, Fokus und Aufmerksamkeit. Bei übermäßiger Aktivierung kann dieser Zustand jedoch auch zu Angst oder Stress führen.

Gamma-Wellen liegen in einem Frequenzbereich von über 30Hz. Sie treten bei einem höheren Bewusstseinszustand, geistiger Klarheit und spirituellen Erfahrungen auf. In diesem Zustand finden Lern- und Informationsverarbeitungsprozesse statt.[33]

Frequenzen können wir also auf komplexe und vielschichtige Weise nutzen. Wir können eine Verbindung zwischen Wissenschaft und Spiritualität herstellen. Wissenschaftliche Erkenntnisse über Gehirnströme und Neuroplastizität geben uns die Möglichkeit, unsere Denkweisen und Konditionierungen umzuprogrammieren.

Wir können durch Meditationen Zustände erreichen, die zunächst einmal zu einem Entspannungszustand und innerer Ruhe führen. Doch wir können auch weitergehen und uns spirituellen Erfahrungen öffnen. Wenn wir erweiterte Bewusstseinszustände im Theta- oder Gamma-Bereich erreichen, erleben wir oft Unerklärliches und Überdimensionales.

Wir machen visionäre Erfahrungen und haben das Gefühl der vollkommenen Verbundenheit, eins zu sein mit allem und jedem.

---

[32] vgl. Stibal, 2021, S.29
[33] vgl. ebd., S.31

Darüber hinaus unterstützt die Frequenzarbeit Heilung und Transformation auf allen Ebenen. Es gibt Frequenztherapien für alles. Speziell entwickelte Frequenzen adressieren somit gezielt körperliche und geistige Themen. Wir können Frequenzen von Lavendel hören, Traumreisen zu unseren Ahnen machen, die Wirkung von Ayahuasca spüren, Vitamin D aufnehmen oder in die Tiefsee begeben, all das ohne Präparate einzunehmen.

Mit Frequenzen können wir inneren Frieden erfahren, Verletzungen heilen, Erinnerungen zurückholen, unsere Kreativität stärken, die Intuition trainieren und mit diesen Bewusstseinsreisen unbekannte Facetten von uns kennenlernen. So können wir persönlich wachsen.

Manifestieren

Wir manifestieren jeden Tag tausende Male, jeder von uns. Das tun wir zum größten Teil unbewusst. Genau darin liegen der Haken und zugleich der Schlüssel – je nachdem, wie man es betrachten möchte.

Denn wir ziehen ständig das in unser Leben, wovon wir bewusst oder unbewusst überzeugt sind.

Wenn also deine Überzeugungen über dich selbst, die Welt und deine Mitmenschen mit deiner Vision übereinstimmen, solltest du bereits in deiner Vision angekommen oder auf dem Weg dorthin sein. Wenn dies jedoch noch nicht der Fall ist, darfst du einmal genau hinschauen.

Der erste Schritt ist, Ideen und Wünsche zu formulieren, sie klar benennen zu können.

Klarheit ist der erste Schritt zu deiner neuen Wirklichkeit.

Fühle einmal in dich hinein und werde dir bewusst darüber, was du wirklich willst. Schreibe es am besten auf. So verarbeitest du deine Vorstellungen bereits auf einer tieferen Ebene, du kannst sie präziser formulieren, wenn sie noch vage sind, und sie werden bereits eingespeichert. Überlege dir zu jedem der Punkte dein „Warum". Dies verknüpft deine Träume mit einer Emotion und vernetzt sie weiter in deinem (unbewussten) Gedächtnis.

Das Herausfinden der Motive hilft auch, präziser zu manifestieren. Denn wenn du dir zum Beispiel mehr Geld manifestieren möchtest, um dir ein Haus am Meer zu kaufen, steht vielleicht vielmehr das Motiv der Freiheit und des naturverbundenen Lebens dahinter als 500.000 Euro physisch im Portemonnaie zu haben. Auch kannst du somit loslassen und dich für verschiedenste Wege öffnen, wie das Haus am Meer zu dir kommen kann. Denn das ist das Schöne am Manifestieren: wir können diesen Teil an das Universum delegieren.

Wir brauchen uns nicht um das „Wie" zu kümmern, sondern können uns einfach überraschen lassen.

Wenn du so weit bist, dass du eine Vorstellung von dem hast, was du erreichen und erschaffen möchtest, visualisiere es. Wenn du diese Vision vor dir siehst, wenn du sie fühlst, schmeckst, riechst – kurzum, wenn du sie mit allen deinen Sinnen wahrnimmst, wirst du selbst Stück für Stück zu deiner Vision. Du bringst dich automatisch auf die Frequenz dessen, was du erschaffen möchtest, und kreierst somit deine neue Realität.

Allerdings reicht es nicht, diese Visualisierung ein einziges Mal zu machen und sich dann zurückzulehnen. Wir müssen Ausdauer beweisen und uns so oft wie möglich, in diesen neuen Gefühlszustand versetzen. Dieser muss authentisch, also echt sein. Wir müssen unsere Vision fühlen, sie leben.

Dabei geht es nicht darum, sich etwas vorzumachen. Das ist ein häufiges Missverständnis beim Manifestieren. Fake it until you make it. Wenn du dir selbst nicht glaubst, dass du das erschaffen kannst, was du dir erträumst, wird es auch nicht passieren. Vielmehr geht es darum, sich im Hier und Jetzt in den entsprechenden

Gefühlszustand zu versetzen. Dabei erzeugt man das gegenwärtige Gefühl der bereits erfüllten Vision – so als würde sie schon Wirklichkeit sein.

Es geht um das Fühlen und Verkörpern dessen, was man in sein Leben ziehen möchte.

Das Nervensystem muss sich zunächst an diesen neuen Gefühlszustand gewöhnen. Denn wenn z.B. Fülle für uns etwas Unbekanntes ist, werden wir sie unbewusst immer wieder abstoßen. Unser Nervensystem weiß noch nicht, was es heißt, in Fülle zu leben. Alles Unbekannte wird zunächst als Gefahr interpretiert. Somit stoßen wir auch (unbewusst!) eine Million Euro ab, wenn wir uns nicht damit identifizieren können, Millionär zu sein. Dasselbe gilt für die Liebe. Wenn wir unserem Traumpartner begegnen, unser Nervensystem aber noch nicht bereit ist, Sicherheit und Geborgenheit zu empfangen, sabotieren wir uns auch hier selbst. Blockierende Glaubenssätze oder alte Verletzungen können dabei im Weg stehen.

Wenn du dir hingegen ein Traumhaus an einem karibischen Strand auf einer Privatinsel wünschst (Träume können nicht zu groß sein!!) und du gleichzeitig davon überzeugt bist, dass du dies verdienst und dass du dazu fähig bist, dir genau das zu erschaffen, dann wird deine Vision Wirklichkeit. Wenn du aber (noch) so programmiert bist, dass deine Überzeugung „Reichtum ist schlecht." oder „Mir steht keine Fülle zu." lautet, wirst du aus einem unbewussten Anteil heraus, gegen die Verwirklichung dieses Traumes arbeiten. Das gilt für jede Art von Vision.

Bevor wir unsere Vision leben können, müssen wir erst einmal zu der Person werden, die in diese hineinpasst.

Du wirst deine Vision so lange boykottieren, bis du selbst mit ihr im Einklang bist. Aus dem Innen heraus erschaffst du sie dir im Außen.

Das heißt, deine Landkarte zu deinem Schatz bist du selbst.

Werde zu deiner eigenen Vision, denn dann erschaffst du sie dir automatisch in deiner Realität. Sie wird physisch und greifbar.

Beim Manifestieren gewöhnen wir also unser Nervensystem an diesen neuen Gefühlszustand, den wir durch unser emotionales Empfinden trainieren. Dadurch bringen wir uns energetisch in die Schwingung dieser Emotionen und Dinge, die wir in unser Leben ziehen möchten.

Es geht um die Verkörperung und das Alignment (die Ausrichtung) unserer Emotionen, Gedanken und Taten. Diese müssen im Einklang mit unserer Vision stehen.

Wenn uns das gelingt, werden unsere Träume in Leichtigkeit und im Fluss wahr.

Wir werden zu einem Magneten für das, was wir erschaffen wollen.

Dabei ziehen wir nicht das an, was wir uns wünschen. Wir ziehen das an, was wir sind. Wir ziehen das an, was wir tolerieren. Wir ziehen das an, wovon wir zutiefst überzeugt sind.

Denn es gilt das Gesetz der Anziehung.

Gleiches zieht sich an.

Alles hat eine Frequenz. Diese formt sich aus inneren Überzeugungen und den daran gekoppelten Emotionen. Somit haben auch Gedanken eine Frequenz. Sie sind magnetisch und ziehen Dinge an, die auf derselben Frequenz schwingen. So werden Gedanken zu Materie.[34]

Das Universum braucht keine Zeit, um das zu verwirklichen, was wir manifestieren.[35]

Denn Zeit ist eine Illusion, und es sind wiederum unsere Überzeugungen, die dem Erreichen eines Ziels eine zeitliche Dimension und Bewertung geben. Auch kennt das Universum keine Kategorien wie „gut" oder „schlecht". Es ist unsere eigene Interpretation. Das Universum kennt „ja" oder „nein", aber nichts dazwischen. Deshalb ist es so wichtig, dass wir Klarheit in unseren Gedanken, Visionen und den entsprechenden Handlungen schaffen. Auch sollten wir uns auf das konzentrieren, was wir wollen. Denn wenn wir uns in den Widerstand von dem begeben, was wir nicht wollen, ziehen wir genau das an, weil wir uns auf die entsprechende Frequenz begeben. Richte also immer wieder deinen Fokus aus, reguliere deine Emotionen und bringe dich auf die gewünschte Frequenz.

Dann delegiere den Rest an das Universum! Sobald du Klarheit geschaffen hast und deine Bestellung aufgegeben hast, kannst du loslassen. Du musst dich nicht um das „Wie" kümmern. Das ist das Magische und Wunderbare am Manifestieren. Diejenigen Dinge und Menschen, die wir von ganzem Herzen in unser Leben

---

[34] vgl. Byrne, 2007, S.43ff.
[35] vgl. ebd.

manifestieren, ziehen wir auf die kreativste und verrückteste Weise an. Versuche gar nicht erst, dir vorzustellen, wie das geschehen könnte. Sondern gib ab, lass los und mache dich bereit für eine Überraschung. Öffne dich für das, was kommt.

Doch gleichzeitig arbeite auch nicht gegen die kosmische Fügung an. Sabotiere dich nicht, aber verbeiße dich auch nicht.

Vertraue und handle im Sinne deiner Vision.

Bleib dran an deinen täglichen Hausaufgaben. Denn wir fallen schnell in alte Muster zurück, in unsere alten Energien, Konditionierungen und die damit verbundenen Emotionen. Vor allem bei Stress und Unausgeglichenheit. Hol dich immer wieder zurück. Gehe in die Entspannung und fokussiere dich erneut. Es ist ganz normal, dass wir in unsere alten Geschichten zurückkehren, denn unser Nervensystem ist an diesen spezifischen Hormoncocktail gewöhnt.

Gewohnheit ist Vertrautheit und Vertrautheit schafft Sicherheit.

Lass dich also nicht irritieren und bleibe dran. Bringe dich immer wieder in deine neue Energie, in die Frequenz dessen, was du erschaffen willst.

Wenn du möchtest, kannst du dir auch ein Visionboard basteln und an die Wand hängen. So wirst du buchstäblich im Vorbeigehen, ganz nebenbei und ohne Selbstregulierung immer wieder daran erinnert. Werde zu deiner neuen Wirklichkeit. Das erfordert Übung, jeden Tag aufs Neue. Beobachte aufmerksam deine Gedanken. Sobald du merkst, dass du in ein altes Muster zurückgefallen bist und das, was dir deine Gedanken sagen wollen, nicht förderlich für deine Vision ist, halte inne. Gehe einen Schritt zurück. Tritt aus dem Wasserfall der einströmenden Gedanken heraus, schaffe Distanz. Du kannst deine Gedanken mit „förderlich" oder „Vergangenheit" labeln oder was auch immer dir hilfreich erscheint. Mache eine Pause. Denn eine Pause kreiert eine zeitliche Distanz und damit Raum. Du steigst aus dem Wasserfall aus und kannst neu beginnen.

Bleibe im Vertrauen. Wenn du einen Muskel im Fitnessstudio trainierst, ist er nach einer einzelnen Trainingseinheit auch noch nicht groß und stark. Zudem wächst auch ein physischer Muskel in der Entspannung. Vertraue auf die Neuroplastizität unseres Gehirns, auf die Verkörperung deiner Gedanken und Visionen.

Neuroplastizität bedeutet, dass wir neue neuronale Bahnen schaffen können. Wir können alte überschreiben, die Impulse für bestimmte Verhaltensweisen setzen und Wege anders verknüpfen. Dadurch können wir Einfluss nehmen auf das, was wir denken, fühlen und tun werden. Wir kreieren dadurch unsere Zukunft.

Verbeiße dich nicht, denn so kommst du sehr schnell in die Frequenz des Mangels. Lass los. Bleibe ein aufmerksamer Beobachter, aber strenge dich nicht zu sehr an. Erschöpfe dich nicht, denn das, was für dich bestimmt ist, wird zu dir kommen. Du wirst es auf natürliche Weise anziehen.

Denn, wenn du wirklich aus deiner Herzensenergie handelst, kannst du gar nicht anders, als dir ebendiese Wirklichkeit zu erschaffen.

Dies kann man auch mit der Kraft der unbewussten Anteile erklären. Auch wenn du nicht immer offensichtlich nach deinen Zielen handelst oder nicht immer bewusst auf alles zugreifen kannst, ist deine Vision, die du zuvor entwickelt hast, in dir gespeichert. Dein implizites (unbewusstes) Gedächtnis erinnert sich.

Du kannst nichts vergessen. Alles ist in dir gespeichert.

Es ist nur eine Frage des Zugriffs. Wir können manchmal einfach nicht aktiv auf unser Wissen zugreifen. Dieses Wissen und unsere Erfahrungen sind jedoch alle gespeichert. Sie gehen nicht verloren. Ebenso wenig wie deine Vision, wenn du nicht aktiv an ihr arbeitest. Lass also los und delegiere öfter mal an dein Unterbewusstsein. Deine Vision zu leben, muss nicht anstrengend sein. Der Weg darf leicht und fließend sein.

Die Energie, die du hineingibst, kommt vermehrt heraus, wenn du sie pflegst, wie deinen Garten. Zwischendurch wird sich Unkraut ansammeln, das der Paradiesblume die Sonne nimmt. Pflege deinen Garten regelmäßig und jäte das Unkraut. Das bedeutet, hinderliche (alte) Gedanken raus und frisches Wasser und Sonne (förderliche Gedanken und Gefühle) rein in dein System, in deinen Garten. Pflanze heute die Samenkörner für deine zukünftige Version deiner selbst, für dein zukünftiges Leben.

Das, was wir heute leben, sind die Früchte aus vergangenen Manifestationen. Wir ernten heute, was wir einst gesät haben.

Ich schwinge hoch,
denn ich lasse los
– in der Zeit zwischen den Zeiten,
in der ich freudig die Blüten betrachte,
in ihnen versinke.

Ich atme sie ein
– die blumige Sommerluft.

Mein Herz pulsiert.
Es resoniert, schwingt und sprüht
vor Glück in dieser Sonnenenergie.

Ich denke nicht.
Es ist der Moment,
in dem mein Ich vergisst,
wer es mal war,
wer es ist und
wer es sein will.

Ich fühle mich schwerelos
und bin doch tief verankert
– im Einklang mit allem, was ist.

Ich bin Alles und Nichts zugleich.

Aus dem Nichts und in dem Nichts
– dort wo alles möglich ist.
Durch das Nichts
empfange ich.

Spirituelle Anbindung und das Universum

„The important point of spiritual practice is not to try to escape your life, but to face it – exactly and completely."

– Dainin Katagiri

Bevor wir etwas nicht selbst erlebt haben, ist es schwer, es zu glauben. Was wir aber tun können, ist, uns für eine Erfahrung zu öffnen. Wenn wir in den Widerstand gehen und uns verschließen, werden sich gewisse Türen nie öffnen. Wir verwehren uns selbst das Abenteuer, mehr zu erfahren und uns eine größere Welt zu errichten.

Neue Bewusstseinsräume zu öffnen und zu erkunden ist spannend. Es kann aber auch angsteinflößend, von Grund auf transformierend sein und unsere bekannte, alte Welt völlig auf den Kopf stellen. Denn es bedeutet Ungewissheit, Unsicherheit und Loslassen von dem, was wir kennen und was bisher mehr oder weniger gut für uns funktioniert hat.

Spiritualität ist die Sprache des Unterbewusstseins, der erweiterten Wahrnehmung und Kommunikation jenseits von Worten, Stimme, Gestik und Mimik.

Ob du dich deinem spirituellen Weg öffnen möchtest oder nicht, ist voll und ganz deine Entscheidung. Dennoch möchte ich gerne ein paar Gedanken und Impulse teilen. Möglicherweise ebnen sie dir einen erleichterten Zugang, falls du dem Thema skeptisch gegenüberstehst oder dich esoterische Schubladen (zurecht) blockieren.

Wir sind in der heutigen Zeit geprägt von wissenschaftlichen Erkenntnissen. Alles muss wissenschaftlich fundiert, erklärt und bewiesen werden, damit etwas das Recht bekommt, in unserer Wirklichkeit zu existieren. Dabei geht es um Vorstellungen, Erklärungen und Konstrukte, Theorien, Hypothesen etc. Die Wissenschaft versucht Unverständliches greifbar, sichtbar und verstehbar zu machen. Ohne die Wissenschaft wären wir zweifellos nicht da, wo wir sind – im positiven sowie im negativen Sinne. Die Wissenschaft lässt uns weiser werden und weitet unseren Blick. Doch auch hat die Wissenschaft ihre Grenzen. Sie ist eine Disziplin unter vielen, die nach eigenen Regeln und Strukturen aufgebaut ist. Sie basiert auf einer Logik und orientiert sich an wissenschaftlichen Kriterien. Als in sich geschlossenes System macht das sehr viel Sinn.

Doch es gibt noch so vieles mehr. Genau in diesem Punkt begrenzt sich die Wissenschaft selbst. Durch ihre Strukturen und Regeln legt sie ihre eigenen Filter über die Dinge, die existieren und die durch die Sprache der Wissenschaft erklärt werden. Sie verkörpert die männliche Energie. Eine Energie, die auf dem Verstand basiert und der linken Gehirnhälfte zugeordnet wird. Damit kann sie bisher viele Phänomene erklären, aber bei weitem nicht alle.

Wir dürfen erkennen, dass vieles nebeneinander existieren kann und alles seine Berechtigung hat.

Die Welt, das Universum, unser Leben kann durch unzählige Perspektiven und Sprachen gesehen und ausgedrückt werden.

Gerade in der westlichen Welt sind wir immer wieder dazu eingeladen, uns auch anderen Ansätzen zu öffnen und das, was wir wissen zu hinterfragen (eine hochwissenschaftliche Angelegenheit).

Nur weil wir vieles nicht wissen oder es nicht erklären können oder es (noch) nicht messen können, heißt es nicht, dass es nicht existiert. Jede Disziplin, jede Form des Ausdrucks ist ein Universum für sich. Wir sollten vielmehr versuchen, diese zu vernetzen, sie als gleichberechtigt anzuerkennen und sie sich gegenseitig ergänzen zu lassen als in die Trennung oder den Wettkampf zu gehen. Es ist auch das, was sich immer mehr beobachten lässt. Ganzheitliche Psychologie, Medizin, Beratungsansätze und Denkweisen. Es ist eine wunderbare Tendenz, die sicherlich noch in den Kinderschuhen steckt – jedoch absolut notwendig ist, um unseren Herausforderungen, Krisen und Krankheiten zu begegnen.

Wir sind intellektuelle, rationale, geerdete Wesen, Macher, Kreierer (männliche Energie). Genauso sind wir aber auch energetische, fühlende und mit vielen Sinnen ausgestattete Individuen. Diese emotionale, kreative, weichere Seite lässt sich mit der weiblichen Energie beschreiben. Sie wird der rechten Gehirnhälfte zugeordnet.

Wir alle haben männliche und weibliche Energien unabhängig des Geschlechts.

In unserer heutigen Welt sind wir sehr bestimmt von der männlichen Energie.

Jeder ist daher dazu aufgefordert, seine eigene Energiebalance zu erreichen und sie immer wieder herzustellen. Denn beide Anteile wollen gelebt werden.

Wir sind Seelen, die eine menschliche Erfahrung auf dieser Welt und in diesem Universum machen. Wir können nicht all das mit Wissenschaft erklären, die bisher mit der männlichen, auf Verstand basierender Energie arbeitet. Wir können nur einen Teil mit ihr erklären und sie dafür anerkennen. Doch sie wird unserem Naturell nicht vollständig gerecht. Denn wir schwingen, wie bereits erwähnt, auch in weiblicher Energie – gefühlsbetont und intuitiv.

Wir sind so viel mehr als unser kognitiver Verstand und unser logisches Denken – die Hardware, die messbare Intelligenz mit Hilfe des IQs. Das alles sind Limitationen und wir sollten aufhören, die Wissenschaft als Totschlagargument für Dinge zu benutzen, die wir nicht kennen oder nicht erklären können. Denn genauso wie unser Bewusstsein wächst, wächst auch das der Wissenschaft.

Wir sind größer, weiter, mehr und unbegrenzter als wir annehmen.

Wir sind Energie und Teile des Universums, während wir ein ganzes Universum selbst verkörpern.

Wir alle sind Heiler und wir alle haben Hellsinne.

Wir haben nur vergessen, sie zu erkennen und sie zu benutzen. Sie können aber trainiert werden.

Wenn wir unsere Wahrnehmung schulen, öffnen sich neue Bewusstseinsräume. Wir fühlen mit unserem physischen Körper plötzlich, dass es noch so viel mehr gibt, von dem wir uns nicht mal erträumen konnten, dass es möglich ist. Verrückte Dinge um uns herum beginnen sich zu ereignen und was uns vorher wie ein Zufall erschien, ergibt auf einmal einen Sinn. Von einem Moment auf den anderen befinden wir uns unmittelbar in kosmischer Ausrichtung (cosmic alignment) und spirituellem Erwachen. Es ist nicht nur ein individuelles Erwachen. Wir befinden uns in einer Zeit des kollektiven Awakenings.

Wissenschaft und Spiritualität schließen sich nicht gegenseitig aus, sondern ergänzen sich. Es sind zwei verschiedene Sprachen, die dasselbe auf unterschiedliche Weise ausdrücken. Es sind zwei Perspektiven, die sich zu einer Welt ergänzen. Es sind zwei Wege, die die gleiche Intention haben: mehr zu erfahren, das Bewusstsein zu erweitern, zu verstehen, um von da aus gestalten und heilen zu können.

Es ist die Suche nach Sinnhaftigkeit, dem Ursprung des Lebens und der Erweiterung der Existenz.

Wir wollen uns selbst erkennen, uns mit Etwas oder Jemandem identifizieren, Unbekanntes entdecken und Wahrheit finden. Wir wollen Grenzen und Limitierungen testen und uns orientieren.

Auf der Suche nach Erkenntnis erkennen wir, dass wir nur einen kleinen Teil wissen und es noch so viel mehr gibt.

Mit jeder Forschungsreise gewinnen wir ein tieferes Verständnis unserer Identität und der Welt – um es dann direkt wieder loszulassen.

Unser Ego, der Funke einer Idee, wie der Kosmos funktioniert, führt uns unmittelbar zurück zu unserer menschlichen Erfahrung auf dieser Erde in einem ständigen Streben nach Verbundenheit.

Eine kleine persönliche Anekdote:

Ich sitze in meinem Bus in El Médano (Teneriffa) bei 35°C und 30 Knoten Wind und nehme an einem ThetaHealing®-Ausbildungsseminar teil. Es ist eine Meditationstechnik, die mit der Theta-Gehirnwellenlänge, der Kraft von Worten und Gedanken sowie der Quelle aller Lebensenergien arbeitet. Mir ist es bisher auf meiner bis dato einjährigen Reise noch nicht passiert, aber in diesen drei Tagen brennt zwei Mal die Sicherung von meinem Solar-Panel durch. Die Kursleiter hatten uns vorgewarnt: aussetzendes WLAN, Stromausfälle, technische Probleme.

Dass wir energetische Wesen sind und Frequenzen aussenden, hatte ich vorher schon gehört. Aber dieses Erlebnis hat es mich spüren lassen und meine Überzeugung gestärkt.

Heilung

„If you truly loved yourself, you could never hurt another."

– Buddha

Menschen, die uns heute triggern,
sind nicht die Verursacher unserer Wunden.

Sie drücken einen Knopf.

Sie aktivieren etwas,
das schon vor ihnen da war.

Diese Menschen sind ein Segen.

Denn sie zeigen uns,
wo wir Freiheit, Liebe, Frieden
und Fülle finden können.

Heilung bedeutet,
zu entschleunigen. Denn so ermöglichst du dir selbst, die Zeichen deines Körpers wahrzunehmen. Du kannst fühlen, was du im Hier und Jetzt brauchst.

Heilung bedeutet,
ungefühlte Emotionen zu spüren und zu verstehen, dass eine Veränderung auf allen Ebenen stattfindet – somatisch, kognitiv, energetisch, spirituell.

Heilung bedeutet,
im Fluss zu sein und nicht unter Druck. Sie passiert, wenn du loslässt, akzeptierst, erlebst, beobachtest und dich für neue Abenteuer öffnest.

Heilung bedeutet,
deine Füße auf den Boden zu bekommen. Es ist eine tägliche Aufgabe in die Rückverbindung zu kommen, während du sanft und respektvoll mit dir umgehst. Es ist ein Prozess, der Schritt für Schritt gegangen werden möchte.

Heilung bedeutet,
Anpassung. Jeder Tag ist anders, genauso wie dein Körper, dein Geist und deine Seele. Dieses Wechselspiel zu verstehen und den Balanceakt immer wieder hinzubekommen, lässt dich empfangen, wachsen und die kleinen Erfolge feiern.

Heilung bedeutet,
authentisch zu sein. Nur weil „alle" einen bestimmten Weg gehen, muss es nicht dein Weg sein. Deine Bedürfnisse, deine Intuition und deine individuellen Grenzen sind dein Kompass.

Heilung bedeutet,
innere und äußere Limitationen zu durchbrechen. Sie bedeutet Expansion, eine Vergrößerung deiner Welt. Sie erweitert die Perspektive, den Atem und erhöht die Grundschwingung.

Heilung bedeutet,
die verzerrenden Filter abzulegen. Du darfst vergessen, was du bereits über deine Realität gelernt hast. Sie erlaubt dir, Schichten von Verletzungen abzustreifen, bis du zum Kern deines wahren Seins gelangst – sie ist ein Neuanfang.

Heilung bedeutet,
ein Leben lang zu lernen und niemals aufzugeben. Sie erfordert, immer wieder aufzustehen. Sie möchte, dass du mutig bist, dir selbst treu und im Vertrauen – sie ist eine Entscheidung.

Heilung ist deine Wahl.

Heilung ist keine einmalige Erfahrung, sondern eine kontinuierliche Reise, die Geduld, Mut und Hingabe erfordert. Sie ist ein Prozess des Wachsens und Lernens, der uns dazu einlädt, unsere inneren und äußeren Welten zu erforschen.

Indem wir uns um unseren Körper, unsere Emotionen, unseren Geist und unsere Seele kümmern, können wir ein erfülltes und authentisches Leben führen.

Heilung geht uns alle etwas an.

Es ist unmöglich, nicht verletzt zu werden oder jemand anderen zu verletzen. Es ist Teil des Lebens. Wir werden verletzt aus dem Schmerz anderer heraus und verletzen andere und uns selbst aus der

Limitierung unserer eigenen Wunden. Deshalb müssen wir bei uns selbst beginnen. Wir können niemanden verändern.

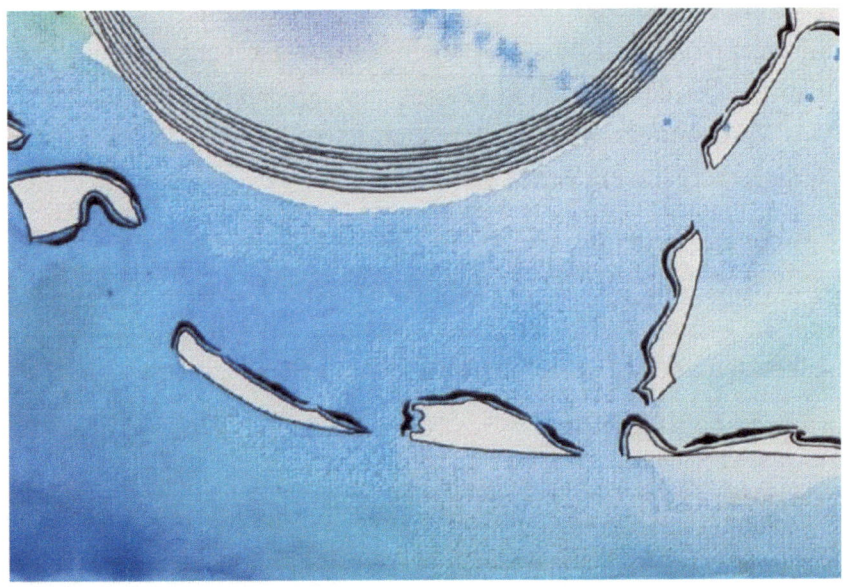

Wir können uns selbst heilen und damit den Grund, warum wir uns eine Veränderung in jemand anderem wünschen.

Nur wenn wir uns selbst lieben und annehmen, unseren Schmerz loslassen, können wir auch unsere Mitmenschen mit Liebe, Respekt und Wertschätzung behandeln.

Zudem sabotieren wir uns selbst unbewusst durch einige alte Geschichten. Dies blockiert uns darin, das Leben so zu kreieren, wie wir es uns aus tiefstem Herzen heraus wünschen. Denn durch bestimmte Erfahrungen legen wir Filter auf unser authentisches

Sein. Wir blicken durch diese Filter auf eine verzerrte Realität. Die eingefärbte Wahrheit verschiebt die Wahrnehmung im Außen und auch im Innen. So kann es passieren, dass wir uns im Außen verstärkt auf das Erkennen von Gefahren konzentrieren, um uns dann durch Flucht oder Angriff davor zu schützen. Dadurch werden innere Prozesse aktiviert. Vielleicht vermeiden wir Situationen aus einer fundamentalen Angst heraus, die sich aus einer vergangenen Erfahrung speist, damit aber unseren neuen Weg, der aus unserem vollen Herzen kommt, blockiert.

Manchmal maskieren diese Filter unsere Gefühle. Dann kann es verwirrend werden. Es ist oft der Moment, in dem wir nicht genau spüren, was wir wirklich wollen oder wir wie ein Fähnchen im Wind unsere Meinung ständig ändern. Es ist das Spiel von Licht und Schatten, der Farbwechsel zwischen alten Wunden und neuen Erfahrungen.

Heilung hilft uns dabei, unser Innen- und Außenleben aufzuräumen. Heilung hilft uns auch, uns selbst näher zu kommen und unsere Authentizität zu leben. Heilung ist der Weg, Körper, Geist und Seele in den Einklang zu bringen.

Egal, was uns widerfahren ist – Schmerz muss nicht mit einer großen Dramatik verbunden sein – wir befinden uns ein Leben lang auf dem Heilungsweg. Es sind auch die kleinen und subtilen Verletzungen, die an die frische Luft möchten. Sie wollen gesehen und gefühlt werden, damit sie heilen können.

Heilung bedeutet, diese Wunden zu versorgen unabhängig davon, welcher Natur sie sind. Denn diese entfernen uns von denen, die wir wirklich sind. Wir sind heil und ganz. Schon jetzt.

Du musst nicht loslaufen und etwas reparieren gehen.

Du musst dich nicht verbessern, optimieren, deine ganze Vergangenheit aufrollen. Es geht vielmehr um die Schichten, die dir im Hier und Jetzt den Weg versperren. Es ist die Brille, die dir eine verzerrte Sicht verschafft. Es ist die Realität, die du dir immer wieder durch deinen Schmerz bestätigst.

Wenn du eine Wunde heilst, wirst du frei.

Nicht perfekt, denn perfekt bist du bereits und warst es schon immer. Es geht darum, Einschränkungen aufzulösen. Diese sind vielfältig. Sie verkörpern sich buchstäblich und drücken sich in Gedanken, Worten und Taten aus.

Ich bin kein Trauma Spezialist. An dieser Stelle spreche ich auch nicht spezifisch über Traumata im klinischen Kontext der Psychologie, aber ich schließe sie mit ein. Was ich als Anregung weitergebe, kommt aus meiner eigenen Erfahrung. Es gibt unendlich viele Wege der Heilung und genau das ist es, was ich dir als Impuls mitgeben möchte: Dein Weg der Heilung wird genauso einzigartig, wie du es selbst bist. Höre und spüre in dich hinein, welche Elemente deine Reise formen werden. Nutze deine Intuition, um Entscheidungen zu treffen, denn du weißt, was für dich richtig ist. Du weißt, wie du den Zugang bekommst. Du trägst alle Schlüssel bereits in dir.

Ich sage dies sehr deutlich, denn auf meinem Weg habe ich mitunter Druck erfahren, der als „Vorschlag" verpackt war. Dies sorgt für Reaktanz, also einen Widerstand und kann Heilungswege blockieren.

Immer mal wieder habe ich von außen den Rat bekommen, noch einmal mit „jemandem" zu sprechen. Doch ich habe so stark gespürt, dass mich das nicht weiterbringt. Wieder alles durchkauen und noch einmal alles aussprechen. Die Vorstellung hat mich nicht in Unbehagen versetzt, aber ich wusste tief in mir, dass es mich nicht weiterbringen würde.

Ich hatte zu der Zeit viele „Energietiefs". Ich konnte manchmal eine Woche lang arbeiten und musste mich danach aber wieder für zwei weitere Woche ins Bett legen. Die Zeitfenster variierten, doch es war ein wiederkehrendes Muster. Ich wusste nicht, warum, aber ich wusste, dass es etwas mit der Energiebalance zu tun hatte.

Also habe ich etwas Neues, für mich Unbekanntes ausprobiert und einen Termin bei einer Energieheilerin gemacht. Bis zu diesem Zeitpunkt hatte ich noch keine Erfahrung in dem Bereich und hätte mich auch nicht als spirituell bezeichnet. Aber ich öffnete mich völlig für diese Erfahrung. Und diese eine Stunde hat alles verändert, sie ist ein Meilenstein in meinem persönlichen Heilungsweg. Ich erzählte der Heilerin nicht viel von dem, was passiert war. 60 Minuten ohne Worte. Ich hatte einen tiefen Zugang zu allem, was ich in diesem Moment erkennen und fühlen musste. Danach hatte ich in der Form nie wieder diese Energietiefs.

Ich glaube, wenn wir uns den verschiedenen Wegen öffnen, kommen immer die passenden Angebote zur richtigen Zeit.

Dabei gibt es kein Richtig und kein Falsch. Doch wähle mit Bedacht, spüre in dich hinein und informiere dich gut. Halte Rücksprache mit Fachpersonen, wenn du dir nicht sicher bist. Denn es gibt durchaus Dinge, die uns retraumatisieren können.

Heilung ist vielschichtig. Sie ist körperlich, mental, energetisch und spirituell.

Es ist ein wundervolles Geschenk, denn wir können auf all diesen Ebenen ansetzen. Wir müssen uns dabei ganzheitlich mitnehmen.

Du kannst deine Erfahrungen nicht wegmachen. Sie sind und bleiben in deinem System, ob du es willst oder nicht. Der einzige Weg ist hindurch. Durch die Angst, durch die Wut und durch die Trauer, durch den Schmerz.

Was du aber tun kannst, ist deine Erfahrungen zu integrieren und dann zu transformieren.

Doch wie funktioniert das?

Zunächst musst du erst einmal die Wunde erkennen. Wenn uns etwas triggert, wenn wir in den Widerstand gehen, dann betrifft uns etwas. Wenn wir dies spüren, dann haben wir mit großer Wahrscheinlichkeit eine Verletzung identifiziert. Du nimmst sie also erst einmal wahr.

Dann brauchst du die Bereitschaft, sie dir etwas genauer anzuschauen. Das heißt, das Pflaster abzureißen. Die Wunde kommt an die frische Luft. In diesem Moment ist sie offen und tut weh. Ein pulsierender Schmerz. Genau wie wir es bei einer Schürfwunde spüren, so fühlen wir es auch seelisch – mit unserem ganzen System. Wenn wir etwas öffnen, kommt heraus, was verborgen war. Es sind nicht gefühlte Emotionen. Du erinnerst dich, Emotionen haben eine körperliche und mentale Komponente. So wird sich auch deine Wunde ausdrücken.

Der Schmerz will gefühlt werden, denn er hat eine Botschaft an dich.

Nun bist du bereit dazu, diese zu empfangen: Woher kommt der Schmerz ursprünglich? Was ist es genau, das gefühlt werden will? Wo in deinem Körper spürst du ihn? Was will dir dein Körper damit sagen? Welches Bedürfnis wurde nicht erfüllt oder war gefährdet?

Gehe nur so weit in den Schmerz oder in die Angst hinein, wie du dazu in der Lage bist, ihn heute zu bewältigen. Es ist wichtig, sich nicht zu überfordern und zu schwächen. Heilung passiert im Einklang mit sich selbst und verläuft häufig auch sehr sanft in kleinen Schritten. Sie ist nicht planbar. Sie ist Teil des Wachstums und damit sehr verwandt.

Wenn dir das Identifizieren und Fühlen gelungen ist, hast du den größten Teil des Heilungsprozesses bereits bewältigt. Denn nun ist Raum entstanden, um eine neue Emotion mit der alten Erfahrung zu verbinden. Jetzt kannst du nach vorne schauen und in den angenehmen Teil einsteigen.

Du kannst andere Erfahrungen machen, neu interpretieren und das Alte in einem neuen Licht sehen.

Es eröffnet sich dieser Raum, in dem du nun Verhaltensweisen verstehen kannst. Du bist aus der Opferrolle herausgekommen. Du hast an Selbstwirksamkeit gewonnen. Denn jetzt weißt du, dass du stärker bist als deine Angst. Du bist nicht deine Gefühle.

Erhole dich und gib dir Zeit. Sich Wunden anzuschauen, kostet Kraft. Wundere dich nicht, wenn du körperlich und geistig erschöpft bist. Du bist einen Marathon gelaufen. Unterschätze das nicht und kuriere deinen Muskelkater. Geh sanft mit dir um und ruhe dich aus.

Wenn du so weit bist, kannst du dich reguliert und in einem sicheren Gefühl auf die neue Erfahrung einlassen.

Du hast eine neue Richtung geschaffen.

Mit der Zeit wirst du diesen Pfad selbstbewusst gehen. Es ist normal, dass du dich am Anfang noch etwas wackelig fühlst. Es ist ein neuer Weg, ein neues Gefühl, eine neugewonnene Verhaltensweise. Doch mit jedem Schritt wird es besser. Mit jedem Fuß, den du vor den anderen setzt, spürst du das erleichterte Gepäck auf deinem Rücken.

Dein Heilungsweg ist so individuell wie du selbst. Du wirst für dich Werkzeuge, Techniken und Herangehensweisen finden, die sich für dich stimmig anfühlen.

Wir können uns selbst heilen und durch Co-Regulation. Letzteres bedeutet, dass jemand den Raum für uns hält. Durch die Unterstützung von einer anderen Person können wir sichere Erfahrungen machen, Altes überschreiben. Wir können die Erfahrung machen, dass wir nicht allein sind und auch nicht allein all das Erlebte bewältigen müssen. Das kann ein Therapeut sein, aber auch die Familie, ein guter Freund oder ein Partner.

Was wir von einer Auster lernen können

Austern vollziehen die Heilung in Perfektion. Wenn sie eine Verletzung verspüren oder einen Fremdkörper in sich tragen, beginnen sie Schichten um diese herum zu bilden.

Viele kleine Plättchen neben- und übereinander, wie ein solides Mauerwerk. Stück für Stück wird die Wandung dicker und runder. Spitze Ecken und Kanten werden geglättet, bis eine Kugelform entsteht. Eine Kugel aus Perlmutt. Sie schimmert bläulich zart, samtig und kann alle Farben im Glanz der Sonne annehmen.

Menschen schmücken sich mit ihnen. Aufgereiht auf einen Kettenstrang tragen sie die veredelten Wunden der Auster nach außen. Sie werden als kostbares Gut hoch gehandelt. Echte Südsee- oder Süßwasserperlen. Aus Tahiti oder anderswo.

Jede einzigartig und ein Wunder für sich.

Sei auch du dieses Wunder und nutze das Potenzial, Perlen aus Verletzungen zu bilden.

Impuls: Hier findest du eine Reihe von Anregungen, die du auf deinem Weg der Selbstheilung nutzen kannst. Die Liste ist weder vollständig noch „richtig" oder „falsch". Es sind Möglichkeiten. Du entscheidest, für welche Alternativen du dich öffnen möchtest.

TRE® - Trauma and Tension Releasing Exercises
(Diese helfen auch schon bei Kopfschmerzen.)

Klopfübungen

Klang- und Aromatherapie

Naturaufenthalte und Ausrichtung nach dem Biorhythmus

Frequenzheilung
(Es gibt tolle und intensive Frequenzen für alle Lebensbereiche z.B. in der App neowake®)

Yoga und sanfte Bewegungen
(Kindhaltung für Geborgenheit, Kriegerhaltung für Kraft und Stabilität)

Kakaozeremonien

Ecstatic Dance

Kreativität
(Malen, Schreiben, Singen, Musizieren, ...)

...und noch so viel mehr.

Dankbarkeit und Positives nähren

Dankbarkeit ist ein wundervoller Antreiber für unsere Motivation. Sie ist eine Quelle für Lebenslust und steigert die Lebensqualität. Dankbarkeit ist wundervoll, denn du kannst sie überall finden. Sie ist etwas, das du aus dir heraus erschaffen kannst. Somit ist sie immer da und verfügbar. Umso mehr Dankbarkeit du übst, desto erfüllter wirst du dich fühlen.

Dankbarkeit zu üben ist in aller Munde. Und das zu Recht! Denn Dankbarkeit ist der Schlüssel zu einem glücklichen Leben.

Dankbarkeit ist nicht nur ein Gefühl – sie ist eine Haltung, eine bewusste Entscheidung, die Schönheit der Welt um uns herum zu erkennen und wertzuschätzen.

Unser Leben ist nie schwarz oder weiß. Wir bewerten einige Tage als gut oder schlecht. Doch an den sogenannten „schlechteren" oder nebligeren Tagen gibt es auch immer Gutes zu entdecken. Wir können also auch unsere „guten" Tage zu Regenwetter verformen, indem wir in den sonnigen Momenten die kleinen dunklen Details ausfindig machen. Oder aber wir lenken unseren Fokus um und beginnen, Positives zu erkennen. So fällt es uns auch oft leichter, das anzunehmen, was ist.

Es ist, als ob Dankbarkeit einen unsichtbaren Filter schafft, der die Welt in helleren Farben erscheinen lässt. In den dunkelsten Zeiten kann Dankbarkeit wie ein Lichtstrahl sein, der uns zeigt, dass selbst inmitten von Herausforderungen Schönheit und

Hoffnung existieren. Es sind diese kleinen Momente, die unser Herz erfüllen und uns die Kraft geben, den Herausforderungen des Lebens mit einem Lächeln zu begegnen.

Es ist übrigens ganz normal, dass wir uns eher auf das Negative konzentrieren. Das ist evolutionär begründet. Ursprünglich mussten wir unsere Aufmerksamkeit auf Gefahren richten, um zu überleben. Unser Fokus geht also automatisch auf Stressoren und bedrohliche Situationen. Diese bewerten wir und entscheiden, ob wir vor dem Säbelzahntiger fliehen müssen oder ihn angreifen werden. Doch dieses Muster ist in den meisten Situationen nicht mehr angemessen. Es bedeutet also zunächst ein wenig Arbeit, diesen Fokus zu trainieren. Sei nicht frustriert, wenn es nicht sofort gelingt. Nimm das an, was ist. Dein Nervensystem denkt noch immer an den Säbelzahntiger.

Beruhige dich jedes Mal wieder und lenke deinen Fokus auf einen positiven Moment, ein kleines Detail, das dich lächeln lässt. Finde den kleinen funkelnden Stern in der Dunkelheit, die Anemone in der Tiefsee.

Sei dir selbst dankbar dafür, dass du jetzt erkennen kannst, wenn dein Fokus sich auf Stress ausrichtet, denn nun hast du die Stellschraube erkannt. Drehe an ihr jeden Tag. Jeder Moment liefert eine neue Chance, Positives zu entdecken.

Du lebst in einer unglaublichen Fülle, in einer Unendlichkeit an Augenblicken, in denen du eingeladen bist, zu üben.

Zur Unterstützung kannst du ein Dankbarkeitstagebuch schreiben oder generell ein Tagebuch führen.

Erzwinge nichts. Lass erst einmal fließen, was ist. Dann wird sich die Dankbarkeit von ganz allein entfalten. Denn du hast bereits die wichtigste Arbeit getan. Du hast dein Unterbewusstsein darauf programmiert, dankbar zu sein. Dein Fokus wird sich ab nun ganz von allein auf die positiven Dinge richten. Vertraue dir selbst. Du wirst die Momente erkennen, in denen du zurückfällst. Hole dich sanft zurück und begrüße die nächste Möglichkeit mit offenen Armen.

Dankbarkeit ist nicht nur eine persönliche Übung – sie hat auch die Kraft, das Kollektiv zu stärken. Wenn wir unsere Dankbarkeit miteinander teilen, schaffen wir Verbindungen und fördern ein Gefühl der Zugehörigkeit. Ein einfaches „Danke" kann eine Kettenreaktion auslösen – es kann ein Lächeln zurückbringen, eine positive Stimmung verbreiten und eine Atmosphäre des Respekts und der Wertschätzung fördern. In einer Zeit, in der unsere Gesellschaft oft polarisiert ist, kann Dankbarkeit wie eine Brücke wirken, die uns daran erinnert, dass wir alle ein Teil des großen Ganzen sind.

Im Grunde ist Dankbarkeit ein Geschenk, das wir uns selbst und anderen machen können. Sie ist eine einfache, aber kraftvolle Möglichkeit, unser Leben zu bereichern und die Welt um uns herum zu verändern.

Wenn wir lernen, dankbar zu sein, öffnen wir die Tür zu einem erfüllteren Leben, einem Leben, das von Wertschätzung geprägt ist.

Dankbarkeit ebnet den Zugang zu einem tieferen Verständnis des Lebens und füreinander. Sie erinnert uns daran, dass das Leben nicht nur aus großen Ereignissen besteht, sondern auch aus den kleinen, flüchtigen Momenten, die oft die größte Freude bereiten. Indem wir uns auf die Dankbarkeit konzentrieren, können wir die Schönheit des Lebens in all seinen Facetten erfahren und die Welt mit neuen Augen sehen.

Impuls: Wenn du gerade in einer Krise steckst, kann es auch hilfreich sein, ein Glücksglas aufzustellen. Denn manchmal ist es frustrierend, wenn man absolut nichts Positives spüren kann.

Das Glücksglas schafft hier Abhilfe. Nimm ein altes Marmeladenglas oder, wenn du hast, eine schöne Papierschachtel. Schreibe jeden Tag drei schöne Dinge, die du erlebt, gesehen oder wahrgenommen hast, auf einen Zettel und wirf ihn in das Glas.

Wenn du bisher noch nichts gefunden hast, was du aufschreiben kannst, dann erschaffe dir diese Momente. Es können noch so kleine Kleinigkeiten sein, wie z.B. dir ein schönes Frühstück vorzubereiten oder den Sonnenuntergang anzuschauen.

Wenn dein Glas nach einigen Tagen schon gefüllt ist, kannst du jederzeit einen der Zettel ziehen und dich so an den Moment der Dankbarkeit und des Glücks erinnern.

Der Durchbruch

Und ich beginne, das pure Leben zu spüren,
die tausend Farben zu erkennen.

Denn nun höre ich die Stimme meines Herzens.

Ich folge ihr und halte von Zeit zu Zeit inne.

Dann, wenn es zu laut geworden ist.

Ich höre sie deutlicher denn je,
meine eigene Wahrheit.

Meine Seele weist mir die Richtung.

Sie möchte stetig wachsen.

Lange schon hat sie mit dem Zaunpfahl gewunken,
während ich mich durch unwegsames Dickicht kämpfte.

Endlich folge ich ihr nun und lasse los.

Ich vertraue darauf, auf diesem Weg Großes zu schaffen.

Noch zittern meine Knie ein wenig.

Sie sind neu.

Das Gefühl der Lebendigkeit.

Die unendliche Freiheit.

Und die Verbundenheit.

Doch alles ist eins.

Mein Körper, mein Geist und meine Seele
verschmelzen mit Raum und Zeit.

Ich bin glückselig mit allem, was ist,
mit allem, was ich habe
und mit allem, was ich bin.

Fernab von dem Momentum,
etwas beweisen oder darstellen zu müssen.

Endlich kann ich einfach nur sein
– im vollen Bewusstsein und präsent im Augenblick.

Ich habe Zugang zum ganzen Universum der Möglichkeiten.

Denn das Universum ist in mir.

Breaking through. Das Durchbrechen einer Decke, einer Begrenzung, die wir vorher gespürt haben. Es ist das Überwinden von Limitierungen.

Unsere eng gewordene Welt wird auf einmal groß, unendlich und weit.

Es ist gar nicht so sehr mit dem Erreichen eines Ziels verbunden. Vielmehr ist es ein Gefühl, das sich einstellt, wenn wir erkennen, wo wir im Vergleich zu vorher stehen. Es ist das Gefühl, wenn sich endlich alles auszahlt für unsere harte Arbeit.

Der Durchbruch lässt uns alle Anstrengungen, Tränen, Schweiß, Frust und Ängste loslassen. Wir sehen, wir spüren, was da ist, in diesem einzigartigen Augenblick. Wir sind voll. Wir fühlen uns ganz. Wir sind stolz. Der Moment des Durchbruchs ist Empowerment pur. Denn wir erkennen, dass wir es waren, die genau das erschaffen haben, was nun eingetreten ist. Selbstwirksam. Authentisch. Stark.

Eine Last fällt ab. Die Last, versagen zu können. Die Last, sich noch mehr anstrengen zu müssen. Die Last, wieder eine neue Hürde vor sich zu sehen. Die Last, in seinem alten Ich, in seiner alten Welt gefangen zu sein. Es ist eine wahrhaftige Erleichterung.

Es ist der Moment, in dem wir einen neuen Raum betreten. Wir betreten ihn neugierig und erkunden diese schöne neue Welt. Wir verlassen die ausgetretenen Pfade, die alten Geschichten, die wie ein ausgelutschtes Kaugummi schmecken.

Wir treten ein in unsere neue Realität. Wir sind offen, erleichtert, glücklich und friedlich. Wir spüren Leichtigkeit und eine tiefe Verankerung in uns selbst.

Es ist ein magischer Moment.

Wir sehen, wir fühlen, wir riechen, wir schmecken den Zauber.

Wir sind vollständig präsent, bei uns und erfüllt.

Der Durchbruch scheint plötzlich gekommen zu sein. Es mag sich anfühlen, als hätte jemand einen Schalter umgelegt. Doch so ist es nicht.

Du allein hast diese Schalldecke durchstoßen. Du hast so hart gearbeitet und immer weiter an dich geglaubt. Du bist immer wieder aufgestanden, trotz all der Dinge, die dich hindern wollten.

Du hast diesen Durchbruch aus eigener Kraft geschafft.

Du hast dir diesen Moment kreiert.

Du hast dir deine neue Wirklichkeit gestaltet.

Und bevor du dich nun wieder in den wilden Strom des Lebens begibst und dich in deine neue Vision stürzt, genieße diesen zauberhaften Augenblick. Du verdienst es, mit allen Sinnen zu spüren, wozu du fähig bist. Nimm es wahr, was gerade so stark durch deinen Körper pulsiert. Selbstvertrauen. Stolz. Selbstliebe. Kraft. Weite.

Pure Herzensenergie.

Das bist du.

Das ist es, was du mit deiner einzigartigen Energie erschaffen hast. Das ist es, was du in die Welt trägst. Das ist es, was dich in ein tiefes Vertrauen bringt, alles schaffen zu können. Genieße dieses Gefühl in vollen Zügen!

Du kannst erreichen, was auch immer du willst! Denn du hast bereits alles erschaffen, was du dir vorgestellt und manifestiert hast. Du bist dafür losgegangen und hast durchgehalten.

Ich bin so wahnsinnig stolz auf dich! Ich wünsche dir von ganzem Herzen, dass du mindestens genauso viel Stolz und Selbstvertrauen in deiner Brust fühlst wie ich. Du bist zu deinem eigenen Empowerment geworden – deinem persönlichen Mutmacher.

Und weil du auf dieser hohen Frequenz schwingst, machst du Wellen. Du bringst Materie in Bewegung. Nicht nur du wirst von dieser kraftvollen Welle getragen. Nein, du hast etwas viel Größeres erschaffen. Du bist eine Inspiration und Motivation für deine Mitmenschen geworden. Du bringst sie in Bewegung. Denn du strahlst und du lebst. Du hast eine so einzigartige Energie, dass deine Umwelt gar nicht anders kann, als mit dir zu schwingen.

Du bist ein heller Stern geworden für diejenigen, die noch im Dunkeln tappen.

Mache dir bitte einmal bewusst, wo du jetzt stehst. Mache dir bewusst, welchen Weg du zurückgelegt hast. Nimm wahr, welche Hürden, Ängste und Grenzen du überwunden hast.

Und nun spüre die Freiheit, die Größe, die Weite, die Liebe, den Frieden, die Fülle.

Das ist es, was du verdienst.

Das ist es, was du bist.

Das ist deine Essenz.

Der Durchbruch ist der Moment, in dem du genau das spürst.

Du bist reine, einzigartige Lebensenergie.

Du bist überdimensionale Liebe.

Du bist grenzenloser Frieden.

Du bist die Weite, Fülle und Vollkommenheit – so wie du bist und schon immer warst.

Durch deine Reise bist du zu dir selbst und zu deinem strahlenden Sein zurückgekehrt.

Die Land- und Seekarte zu deiner neuen Wirklichkeit

Am Anfang steht ein Gedanke. Er wird zu einer Idee. Sie wächst weiter und du kreierst daraus deine Vision. Die Klarheit und Entschlossenheit lassen dich deinen Plan umsetzen. Du spürst keine Zweifel, denn du kennst deine Intuition und hörst die Stimme deines Herzens. Du kannst deine eigenen Ausreden nicht mehr hören. Auch finden die Ängste der anderen keinen Empfänger mehr bei dir.

Du lässt dich nicht mehr aufhalten.

Es ist DEIN Weg. Du begibst dich auf die Reise. Schon jetzt fühlt es sich großartig an, denn du handelst authentisch. Du bist Du. Du erinnerst dich daran, wer du schon immer warst. Die Ideen sprudeln, du kreierst im Fluss. Der Take-off ist geschafft, die erste Welle gesurft. Im Flow des Lebens – genau so fühlt es sich an. Du genießt deine Reise, du spürst die Veränderung.

In dein altes Leben kannst du nicht mehr zurück. Das würde dein Herz nicht ertragen. Längst hast du Altes losgelassen und dich aus diesen Schichten entschält, die nie deine waren. Schon jetzt trägt dein Wachstum Früchte.

Du blühst und strahlst.

Deine Freunde bestätigen dir, dass du irgendwie anders bist. Fröhlicher und sie sehen ein Leuchten in deinen Augen. Das ist es!

So fühlt es sich an, wenn du im Einklang mit dir selbst bist. So fühlt es sich an, für einen kurzen Augenblick angekommen zu sein.

Doch du weißt, dass du in einem ständigen Fluss bist und atmest diesen Moment in vollen Zügen ein. Die Welt ist dynamisch und du bist es auch.

Du hast ein Reich an Facetten und noch tausend Dinge zu entdecken.

Du spürst, dass jede neue Erfahrung dich verändert. Mit allem, was du erlebst, siehst du die Welt durch eine andere Brille. Du klammerst dich nicht mehr an die Vorstellung, dich selbst vollständig zu erfassen und zu verstehen. Nein, du lebst jetzt einfach. Du erfindest dich jeden Tag neu.

Du bist nun angekommen, auf der Welle deines Lebens.

Du hast die Reise mit ihr im unendlichen Ozean des Wachstums angetreten.

Manchmal fällst du hin, tauchst ab und ziehst dich danach zurück auf dein Board. Hinfallen ist nun Teil deines Weges geworden. Du hinterfragst es nicht mehr, sondern lernst daraus. Du verschwendest keine Energie mit unnötigen Gedanken. Denn du weißt, dass keine Welle ist, wie die andere, kein Moment in deinem Leben, wie ein anderer.

Du hast sie aufgegeben, die Suche nach einer pauschalen Antwort.

Der Rhythmus der Jahreszeiten ist auch in deiner eigenen Entwicklung ein natürlicher Zustand geworden. Die Ambivalenzen der Welt sind für dich eine Aufforderung geworden, dich weiter in der Annahme zu üben.

Doch du akzeptierst nicht alles, was dir begegnet. Du gehst los für das, was du verändern kannst. Für das, was in deiner Kontrolle liegt. Du sitzt nun mit offenen Augen und großem Herzen am Steuerrad deines Lebens. Jeden Tag gelingt es dir besser dein Schiff durch Sturmhöhen und -tiefen zu manövrieren. Manchmal setzt du den Anker, weil du jetzt weißt, dass du nicht immer darauf warten kannst, bis die Wetterfront sich verzogen hat.

Du sorgst für dich und deine Energie – du bist Hüter deiner Ressourcen.

Während der Wind noch wütet und weiße Gischt über das Meer fegt, liegst du bereits in deiner Hängematte. Du schaukelst im Yin und Yang des Seins dahin. Du fühlst dich gut dabei. Leicht und froh. Friedlich und im Vertrauen. Du liebst das Leben und dich selbst.

Du bist zurückgekehrt und fühlst dich verbunden. Das ist es, was du nun in die Welt hinaustragen wirst. Das ist es, was den Anstoß auf der Welle seines oder ihres Lebens gibt. Du tauchst nicht mehr ab, weil jemand behauptet, du seist zu laut und zu stark. Diese Zeiten sind vorbei. Du machst dich nicht mehr klein, um im kabbeligen Wasser mitzuschwimmen.

Du schlägst jetzt kraftvolle Wellen der Inspiration und Einzigartigkeit.

Die Welle deines Lebens ist dein Leben.

Surfe, bis dir das Herz rausspringt.

Bewahre deinen authentischen Stil.

Denn so bewegen wir uns durch den Ozean
und gestalten gemeinsam eine neue Welt.

Denn wir alle sind schwingende Wellen.

Dynamisch und wild.

Verbunden und frei.

Wir machen Wellen
– große und laute.

Denn wir können nicht anders.

Es ist unsere natürliche Form des Seins.

Und der Antrieb für eine heile und friedliche Welt.

Water your inner garden – *Mischtechnik auf Leinwand 50 × 60 cm*

Dank

Zunächst möchte ich meiner Familie, meinen Freunden und meinem Hund Pitu aus vollem Herzen danken. Ohne euch wäre ich nicht dort, wo ich heute bin. Ihr habt mich in meinen dunkelsten Momenten begleitet, mich mit Worten, Taten und eurer Präsenz unterstützt. Ihr habt mich ermutigt, bestärkt und mir das Gefühl gegeben, nicht allein zu sein. Auch bin ich dankbar für all die wunderbaren Erinnerungen, die wir gemeinsam kreiert haben.

Ein besonderer Dank geht zudem an die drei Powerfrauen, die mir bei der praktischen Umsetzung des Buches geholfen haben: Danke für das Lektorat und Korrektorat, liebe Nati. Bei unserer ersten Begegnung 2013 in Tarifa hätte ich nie gedacht, dass sich unsere Wege auf diese Weise wieder kreuzen werden. The universe delivers!

Ebenso geht mein Dank an dich, liebe Anna. Ihr seid genau zur richtigen Zeit wieder nach Fuerteventura zurückgekehrt. Als hättest du geahnt, dass ich genau zu dem Zeitpunkt deine kreative Arbeit unbedingt brauchte. Muchísimas gracias für das schöne Cover!

Ohne deine Fotografie, liebe Luisa, wäre dieses so gar nicht entstanden. Ich danke auch dir aus vollem Herzen für deine tolle Arbeit!

Ich wünsche mir sehr, mit diesem Buch etwas zurückgeben zu können und hoffe, dass es all diejenigen erreicht, die sich etwas daraus mitnehmen können.

Ich widme es denen, die nach Freiheit streben, Selbstbestimmtheit und Authentizität. Ich widme es jeder Seele, die nach Halt sucht und gerade Unterstützung braucht. Ich widme es jedem, der wachsen, loslassen und neu anfangen möchte. Ich widme dieses Buch denjenigen, die sich nicht damit zufriedengeben, ein fades Leben zu führen, das sich nicht nach ihrem eigenen anfühlt und sich trauen, groß zu träumen.

Ich widme es euch allen, der wunderschönen Welt über und unter dem Wasser, allen Regenbogenfarben und Facetten des Lebens, der Natur, allen Tieren, dem Universum und allen unbekannten Dimensionen.

Vielen Dank. Thank you. Muchas gracias. Asante sana. Merci beaucoup.

Referenzen

Byrne, R. (2007). *The Secret: Das Geheimnis*. München: Arkana.

Dispenza, J. (2017). *Becoming supernatural: how common people are doing the uncommon*. Carlsbad, California: Hay House, Inc.

Eckert, M.; Tarnowski, T. (2017). *Stress- und Emotionsregulation: Trainingsmanual zum Programm Stark im Stress*. Weinheim, Basel: Beltz.

Ermann, M. (2013). *Intuition: Die unbewusste Intelligenz*. Psychotherapeut, 58, (S.136–142). https://doi.org/10.1007/s00278-013-0968-6.

Felser, G. (2015). *Werbe- und Konsumentenpsychologie*, 4. Auflage. Heidelberg: Springer.

Franken, S. (2010). *Verhaltensorientierte Führung: Handeln, Lernen und Diversity in Unternehmen*, 3., überarbeitete und erweiterte Auflage. Wiesbaden: Springer.

Glasenapp, J. (2013). *Emotionen als Ressourcen: Manual für Psychotherapie, Coaching und Beratung*. Berlin, Weinheim, Basel: Beltz.

Jasmuheen (2014). *In Resonanz*. Burgrain: KOHA.

Messmer, E.M. (2009). *Emotionale Tränen.* Der Ophthalmologe, 106, (S.593-602). https://doi.org/10.1007/s00347-009-1966-5.

Mihlan, S. (2015). *Der Aufbau des menschlichen Nervensystems.* Ratgeber Nerven by kanyo®. https://www.ratgeber-nerven.de/nervenschaedigung/aufbau-nervensystem/ (15.08.2024).

Reichhart, T.; Pusch, C. (2023). *Resilienz-Coaching: Ein Praxismanual zur Unterstützung von Menschen in herausfordernden Zeiten.* Wiesbaden: Springer.

Schüler, J.; Wegner, M.; Plessner, H. (2020). *Sportpsychologie: Grundlagen und Anwendung.* Berlin: Springer.

Tschacher, W.; Bannwart, B. (2021). *Embodiment und Wirkfaktoren in Therapie, Beratung und Coaching.* Organisationsberat Superv Coach, 28, (S.73–84). https://doi.org/10.1007/s11613-021-00690-y.

Vianna, S. (2021). *Theta Healing®: Die Heilkraft der Schöpfung.* Berlin: Allegria im Ullstein Taschenbuch.

Über die Autorin

HENRIKE FALKENBERG, geboren in Kiel und Nordlicht im Herzen, lernte zunächst Goldschmiedin, reiste dann mehrere Jahre als Kite-Lehrerin durch die Welt und studierte schließlich Angewandte Psychologie. Heute arbeitet sie als Psychologische Beraterin. Mit diesem ersten Buch macht sie sich auf eine neue Reise als Autorin. Sie liebt es, sich neu zu erfinden und das Niemandsland zu betreten – im Innen und im Außen. Bereits 2013 ist sie

aus Deutschland aufgebrochen, um die Welt zu erkunden und Unbekanntes zu entdecken. Sie lebte einige Zeit in Tarifa (Spanien) und verbrachte mehrere Monate auf Sansibar (Tansania) und in der Nähe von Perth (West Australien). Im Jahr 2021 baute sie ihren Bus aus und brach zu ihrem nächsten Abenteuer auf. Der Wind, ihre Intuition und einige Begegnungen trugen sie schließlich nach Fuerteventura. Dort lebt sie nun seit drei Jahren.